华美的冒险

【明清后妃传奇】

杨海霞　著

故宫出版社

目　录

过分的估价 ◎ 记万贵妃

壹

明英宗正统十四年(1449年),万贞儿应孙太后之命前来照顾皇太子朱见深。

这一年,万贞儿21岁,正谙风情。似是刚成熟的水蜜桃,饱满多汁。

太子才两岁,尚未断乳。

成化二年(1466年),明宪宗册立万贞儿为皇贵妃,“宠冠六宫”。

成化二十三年(1487年)正月,万贵妃离世,时年59岁。明宪宗长叹曰:“万侍长去了,我亦将去矣”。八月,年仅40岁的明宪宗追随而去。

后世疑惑明宪宗何以弃后宫三千佳丽于不顾,对年长十九岁的半老徐娘情有独钟,且“终身眷之”(《明史》)。而万氏若无杨贵妃之绝世美艳,又有何过人之处,撩人心魄,将明宪宗紧紧掌控?

这桩被后世称为“成化畸恋”的爱情故事,果真波澜起伏,耐人寻味。

贰

在历史学家看来,公元1449年可算明代的一段分水岭。

这一年可谓是多事之秋。1449年,蒙古瓦剌部落首领率军南下伐明，宦官王振不顾朝廷大臣的反对，怂使22岁的英宗朱祁镇御驾亲征。

朱祁镇的激情与冒险精神可见一斑。自他登极，大明王朝距朱元璋开基建国已有近70年的时间。“仁宣之治”继承了洪武、永乐基业，宇内承平，经济复苏，国家呈现出繁荣强盛的态势。按照历史发展的正常轨迹，明英宗最起码应当是个守成之君、太平天子，但是土木堡之变，彻底改变了他的命运，也让大明王朝陷入前所未有的危机中。

八月，英宗率兵50万在土木堡突围不成，反被蒙古瓦剌军扣为人质。消息传到北京，朝中一片混乱。

一番纷争之后，群臣与孙太后商议，为免瓦剌军挟制当今皇上而在谈判时逞上风，决定遥尊英宗为太上皇，另立英宗异母之弟朱祁钰即位为景帝。同时，诏立英宗年仅两岁的朱见深为皇太子。

孙太后的焦虑溢于言表。英宗正在敌军手中生死未卜，钱皇后终日以泪洗面，周妃惶惶不知所终，年仅两岁的太子早已令人虎视眈眈。谁能去照顾太子呢？

孙太后选择了万贞儿。

作为太后身边的贴身侍女，万贞儿四岁入宫，聪明机警。多年的宫中生活，让她懂事乖巧，也让她学会了讨巧与迎合。

她似有委屈。21岁的女子，青春正是好时候，却要守在东宫，照顾两岁孩子的衣食住行。这不仅是我们现在说的保姆，当然也是保镖。

只是,谁也难以想到,万贞儿初见这个比自己小19岁的男孩,却注定未来的皇帝与她一生的情缘。

他蹒跚着,一头扑进她的怀里,紧紧地抱着她不放。这是母亲周妃身上的乳香,也似是特别的女人香。让他无比安心,却也终身迷醉。

历史总在轮回,一次又一次地上演同一场剧目。

1450年,明英宗被瓦剌军释放。但是,在“天无二日,国无二主”的传统中,明代宗重演前朝成祖朱棣与其侄子惠帝朱允炆的皇权纷争,将自己的兄长困于南宫软禁,并将南宫的大门上锁并灌铅,加派锦衣卫看守。此后,他改立自己的儿子朱见济为太子,朱见深被废为沂王。

对于朱见深来说,命运似乎注定要对他开一个玩笑。太子身份的立与废,是他童年时代最为诡异的事件。他曾无限接近皇权,而在太子被废后,他在鄙夷与惊吓中逐渐长大。这其中的不安、疑惑、沮丧以及胆战心惊,可想而知。

他时常害怕得整夜睡不着。看着窗户外一点点灰蒙蒙的光亮渐渐地黯淡下来,又点点地有了光亮。此时她总会起身,走过来睡在他的身边,将瑟瑟发抖的他揽进自己丰满的怀抱,轻轻地拍打着,让他入睡。

这是他年幼最无助的时候。而万贞儿,是他生命中最可留恋与依赖的女子。

这份爱,如果要回报,可用一生。但它不是爱情,应该是恩情。

可是，谁能分清爱情、恩情的界限？

我们只能说，任凭万贞儿如何有机心，她当时也不会想到要把这个流着鼻涕哭着要奶的废太子，培养成日后自己的丈夫。

如果说最初万贞儿照顾朱见深只是应命而为，久而久之，这种情感，成了怜惜。

女人怜惜一个男人的时候，也是她母性最浓之时。

而这往往最让逐渐长大的男人心襟摇荡，难以把持。

历史的烟云，总是如此雾霭沉沉，风波流转。天顺元年（1457年）正月，度过了7年惊恐与饥饿的软禁生活，英宗朱祁镇夺门复辟，重新成为皇帝。废太子朱见深又被立为太子。

这年，太子10岁，万贞儿29岁。

她愈发丰满白皙。在等待他长大的漫长时光，所有孤寂的情感与无法排遣的热情，都倾注在他身上。似是情窦初开，又似是唤起了多年前一直深埋心底的少女情怀。一种暧昧的温柔，在心底暗涌。

他还在长大。

这一切暂时还都在悄无声息地进行。

可是，在他13岁的一天晚上，她像往常一样为他整理寝衣。他不经意地低头，看着她薄织藕色绸缎衫，若隐若现，酥胸半露，一下子怔住。

他似乎第一次发现，这个他敬畏、亲近的女子，竟有着海藻般乌黑的头发，白嫩的肤色，如此丰润，风流全在眉梢，情思悉堆眼角,青春扑面而来。

这么多年,她有足够的耐心等待他成长。但是现在,她也是急不可耐。

有时,只需要一个挑逗。

他纵情其中,将她的风情咀嚼了无数次。

这一切水到渠成。

叁

天顺七年(1463 年),太子已满 15岁。为太子选妃的工程也在紧锣密鼓地进行。

经过严格的初选,进入英宗面试的还有 12 人。到最后,吴氏、王氏,以及柏氏脱颖而出。

朱见深曾执意想立半老徐娘的万贞儿为皇后,但这是大明王朝无法接受的。英宗直至临死也无法钦定选中的三人立谁为皇后,也似有难言之处。

天顺八年(1464 年)正月,明英宗驾崩,朱见深即位。七月,紫禁城举行隆重的大婚典礼,吴氏成为明宪宗的第一任皇后。

这桩婚姻不过是明宪宗应太后之命而为。它注定是个悲剧。

以统记明代史事的纪传体史书《罪惟录》的说法,吴皇后"聪敏知书,巧能鼓瑟"。出身书香门第,懂音乐书画,庄重雍容的吴皇后，有母仪天下之态。只是可惜，在朱见深心中，万贞儿才是他心中永远的皇后。

吴皇后虽贵为六宫之首，尊享宫内一切尊荣，年轻貌美，宪宗对她却并不热络，这个皇后当得委实是有名无实。

《明史》提到："万氏丰艳有肌，每上出游，必戎服佩刀，侍立左右。"明宪宗每次出外，万贞儿倒是金刀护卫，策马鞍前，戎装相陪，英姿飒爽，可见其之宠幸。

明宪宗与万贞儿朝夕相伴。吴皇后不明白自己为何不敌一个身体发胖、年长皇帝19岁的女子。

而这边，万贞儿对皇后的妒意也正在慢慢滋生。

有实无名，是她所不甘心的。

令吴皇后气愤的是，万贞儿对自己总是冷言冷语，有时甚至当面怒目相视。

关于此事，历来有严谨之称的《明史》提到："后既立，摘其过，杖之。"吴皇后某日当众指责万氏，万氏当然反驳，吴皇后则喝令侍女痛打她一顿，以肃宫中之风。

这是女人之间的争斗，宫闱之中，这些吵闹实属正常。

在女人与女人之间，总是存在着古老的敌意。更何况，是在后宫。

对于吴皇后来说，这不仅是逞一时之痛快，也是整顿风气，立自己作为大明皇后之威严的时候。

但是，吴皇后没有想到，自己遇上的对手是万贞儿。

更何况，这本身就是陷阱。

万贵妃哭得梨花带雨，她把衣服解开，宪宗看到她白嫩的身体血痕斑斑，痛在心中，怜惜不止。

他见惯她的强势，却难得见她柔弱。当年她倾尽生命保护自己，如今贵为天子，他怎能容忍让别人欺负她。

本来就对立后之事不满的宪宗，此时越是有了理由。

《明史》评价此事："妃已三十有五，机警，善迎帝意，遂谗废皇后吴氏。"

万氏一"迎"一"谗"，明宪宗于是废后。吴氏做皇后仅仅一个月多一天。她是历史上在位最短的一个皇后。

但是，这还不是万氏遂愿的时候。

尽管宪宗对万氏情有独钟，但是万氏毕竟不是英宗所确定的皇后候选人。在册立吴氏为皇后相隔81天后，宫廷又为册立王氏举行了相同规模的隆重的庆典。身材柔美娇小，别有韵味的王氏顺利地入主坤宁宫，成为明宪宗的第二位皇后。

王皇后的父亲是中军都督王振。他深知后宫的艰险，以及万氏的心计，劝说女儿做到"自保"。

继立的王皇后，自然从中吸取了教训。王氏这个皇后当得是确实窝囊。凡事不敢多说，不管万氏如何折腾，她总是默默躲到一边。《明史》载："后处之淡如"。《罪惟录》卷二则载："后终其身不十幸。"一辈子不到十次临幸，致使她没能为宪宗生儿育女。这其中的心酸与悲苦，在心底此消彼长，陪伴她走向终老。

而万氏，则成为成化朝后宫真正的主人。

肆

成化二年(1466)正月，万氏生下皇长子。明宪宗非常高兴，派人四处祭祀山川，并封万氏为贵妃。

终成化一朝，除了南方广西的瑶族叛乱、荆襄郧阳山区的流民以外，政局基本上比较平稳。明宪宗不像成祖朱棣暴虐、嗜血，也不像他父亲那样喜欢冒险，他谨慎、安静，即位之初，他还为于谦冤昭雪，平反夺门一案，让人看到明君之风。

可惜，宪宗的治国宏图只是昙花一现。

万贵妃得子封贵，势倾朝野。“成化一朝，佞幸竞进，皆凭万氏”。(《明史·后妃传》)皇帝专宠万贵妃，对她是言听计从，而万贵妃更是能牢牢地笼络住皇帝的心。

先是万贵妃的父亲万贵，被封为锦衣卫都指挥使。一人得道，鸡犬升天。其兄弟子侄万通、万喜、万达也相继封官，侦伺百官，统领诏狱，控制朝官。

而随着万贵妃的擅宠得势，一大群趋炎附势的奸佞之臣云集门下。汪直、梁芳、钱能、覃勤、韦兴等人，都是万贵妃的私臣。他们利用万贵妃来争夺权力，谋取个人利益。

明宪宗是专情之人。据明人笔记载，都督同知马良从小就陪侍宪宗，深得宠信。可是，当宪宗得之马良丧妻不久就娶了继妻的事，认为其“夫妻之情，何其薄也”，便疏远了马良。

银镀金点翠嵌珠宝条

银镀金点翠嵌珠宝花卉纹簪（一对）

他对万贵妃始终如一。他自己都已无法分清,从两岁到现在,他对她,是习惯还是激情,是爱情还是谢恩。

成化二年(1466 年),有可能成为大明王朝第九个皇帝的皇长子,还不及命名,就夭折了。

对万贞儿来说,这是无法接受的现实。尽管为宪宗所宠,但是多年的后宫生活,使她明白母以子贵,也使她把皇长子作为下这盘宏大缜密的棋局的一个赌注。

皇长子之死,断了万贵妃成为皇太后之梦。她已年届40,生育的希望甚为渺小。但是,她也绝不允许其他妃嫔比她先生儿子。

至此,万氏心绪已经产生了很大变化。

大抵深宫戏,都会述说女人间的争斗,不遗余力地表现美丽面具下的邪恶。确实,有时我们实在难以想象,那些原本善良或者只是"颇有机心"的人,一旦自己的目标无法达成,为何会突然面目全非,不择手段,让人惊骇。

说起来,人间的生活,本质上无非是欲望与心的争斗。

权力终归是让人迷醉的东西,男人因之得以建功立业,女人则希望通过男人来享受这份迷醉。

万贵妃开始极力限制宪宗的私生活,对宪宗偶尔御幸的人则采取极为阴鸷的手段。她把自己的心腹亲信安置在宫中各个地方,监视着宪宗和其他妃嫔的一举一动。

《明史·列传》佐证:"时万贵妃专宠而妒,后宫有娠者皆治使堕。"这种妒意,可称蛇蝎之心。当时后宫中凡是被皇上临幸的女子,只要有身孕,万贵妃都立即使人灌其药,致其流产,境况惨不忍睹。

但也有例外。被英宗钦定的三女子之中的柏氏由于身份特殊,受到了严格保护。成化五年生下皇次子朱祐极。成化七年(1471 年)十一月,朱祐极被立为皇太子。只是仅过三个月,小太子忽然暴病而死。柏贤妃也莫名其妙跟随死去。

当然,没有确凿史料证明此事有万贵妃的参与。但是,成化年间,奸佞当权,西厂横恣,方士妖僧,滥恩无纪,却是不争的事实。对生儿子几近疯狂的万贵妃,一面动用旁门左道告祈,一面到处搜集淫药春方以图捆住宪宗。

万贵妃日趋肥胖的身影,如同漫无边际的网,彻底地笼罩了明宪宗。

伍

明宪宗一度很是疑惑。他无法解开此谜。

大明王朝发生奇特的事情,便是,外廷大臣上疏请皇帝"溥恩泽"——也就是外廷大臣请求皇帝多宠幸宫中其他的嫔妃。

用《明史》的表达就是 :中外以皇上无子而忧。

宪宗青春年少,欲壑难填。尽管万氏专横,后宫佳丽无数,与生育的任务一旦挂钩,御幸的次数与人数应不少。但是辛勤努力的结果是,直到而立之年,他望眼欲穿,膝下依然冷冷清清。

怎么说呢？新生命与堕胎药的战争，从不停歇。

成化十一年(1475 年)，明宪宗叫张敏给自己梳头，看镜中，华发初生，照镜叹曰："老将至而无子。"

张敏伏地曰："死罪，万岁已有子也。"

帝愕然，问安在。

对曰："奴言即死，万岁当为皇子主。"

于是太监怀恩顿首曰："敏言是。皇子潜养西内，今已六岁矣，匿不敢闻。"

这段记述来自《明史》。一桩天大的喜事，竟然隐藏了六年，连皇帝也不知，实在荒谬。

这个皇子，就是后来的明孝宗朱祐樘。

这事要追溯到成化六年(1470 年)。明宪宗偶尔经过内藏，见蛮女纪氏"应对称旨"，"悦"，便"幸之"。纪氏遂怀孕。

这以后的故事，便是一场没有硝烟的保卫战。

万氏当时知道后，立即命令一名女官前往打探情况。没有想到女官力图保住"龙种"，她回来报告说：哪是怀孕，分明是纪氏肚子里长了肿块。

孝宗就此逃过一劫。

孩子降生后，万贵妃大怒，派太监张敏去溺死这个孩子。张敏却冒险将纪氏母子悄悄移居到西内，宫中的太监怀恩以及宫女们则尽力保全。废皇后吴氏也来帮助抚养。

大明王朝善良的人们与万贵妃的对抗，就此展开。

大概是真命天子命不该绝。明孝宗出生六年，隐藏在安乐堂附近的密室里，甚至连胎发都不敢剪。及至明宪宗闻讯，大喜，遣使往迎皇子，才得以父子相见。

当是时，六岁的儿子长发披地，奔向自己的亲父亲。明宪宗悲喜交集，说："这是我的儿子。像我啊。"

没过多久，纪氏暴病而死。还有一种说法，是纪氏自缢。

张敏知道自己无法保全生命，"亦吞金死"。

《孝宗本纪》载："宪宗始知之，育周太后宫中。"明孝宗朱祐樘是由宪宗亲自放到周太后那里养育的，这才保证了孝宗的安全。

此时，他已经知道，原来深爱的女人，一直在不断设计断其后裔，以免失一己之私宠。我们无法想象宪宗当时的心情。

或许，在他看来，值得自己切齿痛恨与切肤痛惜的，才是情人。而爱上一个不该爱的女人，往下走，不是覆水难收，而是原谅。

陆

唐朝美女，大多丰胸肥臀，如一朵恣意盛开的花，既鲜活，又饱满，让人尽享养眼的艳福。

万贞儿也是丰胸肥臀。我们总喜欢给那些深受男人宠爱的女子配上对等的容貌，不是风姿绝代，就是色艺双全。但万贞儿让大家失望了。

据历史记载，万贞儿相貌平平，身体肥胖，可能只是保养较好，皮肤白嫩点，并无倾国倾城之貌。《罪惟录》则称其“貌雄声巨，类男子”。

朱见深的母亲周太后实在不解，质问过儿子：“彼有何美，而承恩多。”朱见深称：“臣有疝疾，彼抚摩，吾安之，不在貌也。”回答实在露骨，其中的缘由可以想象。

成化中后期，随着皇帝对万贞儿的宠爱，以及对宦官汪直、梁芳等人的重用，大臣们便很少能见到他。明宪宗本来就对朝事没有兴趣，童年时的遭遇让他说话有严重的口吃，也使他不愿意上朝理政。而他的平庸也被人讥笑。据说由于宪宗口吃，一个叫施纯的寺卿便建议皇帝上朝只说“照例”两个字作为答复。宪宗觉得方便，非常高兴，就把施纯越格提拔为礼部尚书。众人讥讪施纯为“两字尚书”，此事传为笑柄。

万贞儿此时已过不惑之年，却又想紧紧抓住宪宗之心，更是费尽心机。

她一边搜集房中术以期宠幸于宪宗，一边怂恿宪宗临幸其他妃子，以便有其他皇子降生，可以废掉太子朱祐樘。

《明史》记述，当时明孝宗朱祐樘年纪虽小，却颇懂世事。立为太子后，有一次万贵妃请皇太子过来吃东西。没有想到给他食物时，他说：吃饱了。让他喝汤，说：怕有毒。当时，万贵妃差点气晕过去，这个小孩才几岁就如此，长大当上皇帝还不是任他宰割。于是力图废掉朱祐樘这个太子。

幸好，这年泰山连续地震。占卜者以为东岳震动，意味着东宫不稳，废太子之议才作罢。

这以后，宪宗与妃嫔宫人耳鬓厮磨，终日沉溺于春药和性事。这样倒也是新添了十几位龙儿凤女，另一方面，却是越发怠于朝政，沉迷于神仙、佛道和长寿秘术，纵情于声色之娱和货利之乐，政治走向昏庸与腐败。

万贵妃干政，也为那些正直之士所不容。《明史》中提到张泰，“偕同官谏万贵妃干政，廷杖几毙。”自此，众皆噤声。

我们回看这段历史，会发现万贵妃其实也非有意篡夺政位，操纵朝廷政事。她与万历帝的郑贵妃不同，她并不是一个有强大权力欲望之人。或者说她只是想紧紧抓住比自己小19岁皇帝的心，巩固自己在后宫的特殊地位。只是，随着事态的发展，已是无可控制。

明宪宗的童年卷入宫廷斗争的漩涡中，他对万贞儿的依恋，以及对母性及亲情的眷恋，使得宪宗的这份爱意无法自拔。这样也给成化一朝的政治走向定下一个基调，使得部分皇权隐形地转移到了后妃的手中。

一个自私骄恣的女人，居然能左右大历史，让人叹息。

柒

让明宪宗想不到的是，在位23年，后世对其赞誉的，却是他用来欢娱万贵妃的斗彩瓷。

这种彩瓷，淡雅的青花和釉上艳丽的五彩相配，柔和幽婉。它无永乐、宣德时期瓷器的豪放与粗犷，却又别有阴柔之美，赏心悦目，尤为万贵妃所喜欢。

明宪宗曾数次派遣宦官至景德镇监督烧造，交派景德镇御窑厂烧制精美瓷器，且要求极为严格。在历史档案中虽找不到具体的数字，但《明史·食货志》概括性地叙述了当时烧造之多："成化间，遣中官之浮梁景德镇，烧造御用瓷器，最多且久，费不赀。"

明宪宗与万贞儿的爱，却无法如同这些传世之彩瓷，洁白纯净，滋润沉凝。

成化二十三年(1487年)正月，万贵妃用拂子殴打宫人，由于过于肥胖，盛怒之下被痰阻塞，气绝而死。

八个月后，明宪宗朱见深病死，葬于茂陵，为他的儿子明孝宗朱祐樘留下了一个千疮百孔的江山。

捌

有时，情有独钟，也是灾难。

爱是——过分的估价。(弗洛伊德)

我们合上这页史书之时，一切归于静寂。

爱欲无常 ◎ 记张皇后

写这些后宫女子，总会生发许多感慨。

命运给她们不寻常的身份，也给她们准备了——爱欲的无常。

游荡在那些已经成立、冗长无比的故事的迷宫里——幽暗明灭，荣辱进退……却都有了清晰而明确的指向。

她们有“须作一生拼，尽君今日欢”的由衷，有“岁华易老，衣带宽、懊恼心肠终窄”的愁苦，有“陛下寿万年，妾命如尘埃”的悲哀，也有“含情凝睇谢君王，一别音容两渺茫”的无奈。故事的真正张力，正如约翰·伯格所说，不在于其命运的神秘性，而在于走向这一命运的步履之间的空隙的神秘。

这些妃子，可会遥想桃花心木梳子，梳理闲愁，云鬓轻挽，水墨山水，过一种叫沁园春或者如梦令的诗意生活……。当寂寥冷落，风雨波折成了她们中许多人终究的归宿，种种况味，也都只是人生境域的宽度与人性意志的深度问题。无疑，深宫旧事，西风残照，能够善始善终，才是生命中最重要的命题。

帝王的传奇婚姻

成化二十三年(1487 年) 二月初六，时为皇太子的朱祐樘大婚。

太子妃张氏，出身书香门第。以端庄温淑，知书达理入选。

“从前的日色变得慢，车，马，邮件都慢，一生只够爱一个人。”——木心这话，要在五百多年前，明孝宗也会引为知己吧。

大婚之夜，张氏一袭红妆，浅笑吟吟。她并非绝色，却让人觉得甚是慰妥。朱祐樘有一种前所未有的心安——这是命中注定的女子。

朱祐樘其实是个很简单的男人。他有着寻常家庭夫妻的情结。如果不是出身帝王之家，他也心仪“茅檐低小，溪上青青草。醉里吴音相媚好”的生活。洒扫庭院，琴瑟相和，寻常人家的恩爱，又多了分书香与风雅。

朱祐樘自小经历堪称传奇。他的生命力非常顽强，万贵妃的堕胎药也无济于事。不知有多少正直善良的人保护了他，这位被后世称为明朝少有的“中兴之主”来到这世间，似乎就是报恩而来。由于万贵妃的缘故，他六岁才与父亲相认，也在六岁那年突丧其母，但却“哀慕如成人”。

他的童年，充满对未知命运的不安。史学家称他绝少“千金之子，性习骄佚，万乘之尊，求适意快志，恶闻己过”的恶习，这种个性的形成与他幼年的生活经历不无关系。

他的妻子张氏则出生在花好月圆之时。《明史·后妃列传》记录了张皇后的出生前不寻常的征兆：“母金夫人梦月入怀，生后。”金夫人梦见一轮皓月入怀，清辉普照，满满盈盈，因而，张皇后还未出生就被赋以富贵荣华的象征。如同刘邦之母梦与天神交合，孙权之母梦日入怀，这些异兆，都煌然写进正史之中，为名人之所以成为名人的佐证。

她是个心智健康的人。父亲张峦，原只是一个秀才，以乡贡的名义进入国子监,也就是说从地方学校保送进了国立最高学府读书,成为国子监生。张氏出身于这样的读书人家庭,自小饱读诗书,也学习琴棋书画。在朱祐樘的生活中,她如那皎洁的月光,穿过幽暗的岁月,温柔地抚慰他这么多年的孤独与苦痛。

明孝宗朱祐樘一生,只此一妻。

历代帝王都有三宫六院,明太祖朱元璋除马皇后外,还有19个妃子。清代顺治帝挚爱董鄂妃,后宫也有20个妃子。就连被称为帝王之中倡导"一夫一妻"的隋文帝杨坚,也只是因为大婚之夜被独孤皇后逼迫表态,"誓无异生之子",独孤皇后死后,隋文帝则如猛虎出山,忙着册立了好几个妻子,终究保不住这声名了。

朱祐樘却是自愿的。

就是这样一个女子,他与她终身厮守。

一枝红艳露凝香。——张皇后的婚姻,也是传奇了。

是婚姻唤起了爱情

孝宗与张皇后住在乾清宫。这是一个安静的宫殿,打发走了大量的内侍与宫女。这里的生活,很朴素。

有时,张皇后会亲自打理御厨,孝宗下朝时,桌上一碗清香四溢的碧梗粥、一碟切得细细的拌凉瓜,一碟炸得金黄的花生米,再一碟初春腌下的咸菜丝,入口清爽,孝宗喜欢。

这是寻常夫妻的恩爱。婚姻是感性的,又有某种精神的支撑。它的一个符号,就是将相互的狂热欲望,连续的、肉体的呈现,代之以细水长流。每个身在婚姻中的人都有一种无可名状的孤独——就像老人都是孤独的。但是,两个人的孤独在一起,终究也就是安慰了。

他与她几乎无话不谈。他的童年,他的忧伤,他的快乐,他的江山社稷——难得长夜,有人相伴,岂不视为知己?

在她面前,他愿意呈现最真实的自己,无需伪装。

漂亮的女子,会给人无端的紧张与不安。张皇后算不上美丽,也不娇艳,却让人心安,最重要的是,她懂得倾听。

严冬,树木全是光秃秃的枝条,枯藤凝霜,寒夜中点点亮光。两人一时兴起,在庭院里散步。她冰冷的小手被他紧紧地攥住。女人时常因为一些可以回想的小细节,深深地迷恋一个男人。譬如,夜色中,他突然停下,为她整整衣服,拍拍她冻得红扑扑的脸,她有点害羞,不好意思抬起头看他,心中却把永恒写上了许多遍。

更有人生经历的坎坷,让爱情更多了几分相依为命的意味。

唯有当人在内心有着灵魂的伴侣与精神的依托时,生命才更值得小心呵护,而所有的东西,也便都有了天意神道的意味。

弘治皇帝励精图治,张皇后也不是庸碌之辈。她酷爱读书,闲暇之时,赋诗鼓琴,打点园艺。冬夜,稠稠密密的阴冷,张皇后温上桂花黄酒,晚来天欲雪,对饮一杯。

两人每天同起同卧,读诗作画,听琴观舞,谈古论今,朝夕与共,后宫别无其他妃子,倒也是省心。

弘治元年(1488 年),朝鲜使臣卢思慎出使大明,听闻此事,向朝鲜的国王报告"(孝宗)劝花置于床上而不簪"。弘治皇帝的不好声色,开始远扬四海。

张皇后与明孝宗在一起的日子,用晚明学者黄景昉的话来说就是:"时张后爱最笃,同上起居,如民间伉俪然。"

尘世的虚荣

弘治四年(1491 年),朱厚照出生。

这是弘治皇帝与张皇后的第一个儿子。他在万众期待中降生。

对于弘治皇帝来说,上天在他婚后四年馈赠他一个在命理上称为"贯如连珠"的儿子,这也是大明王朝的福分。这位出生在弘治四年九月廿四日申时,用干支表示也就是辛亥年丁酉月戊戌日庚申时出生的儿子,用"巧合"、"奇迹",都可以形容他的诞临。明太祖朱元璋的生辰就与此有相似之处,这更让弘治皇帝欣喜不已。

只是,在皇帝独宠的情况下,张皇后结婚四年才有一子,她的压力当然很大。

曾在秋日,孝宗与她到寺庙祈佛求嗣。

她焦虑,也担忧。传宗接代就是婚姻的使命与责任,尤其是，孝宗并无除她之外的第二个女子。

弘治元年二月，曾有大臣上书请为皇帝预备淑女，待孝宗守孝三年期满后好选立两个妃子。既是三年期满，孝宗不好推托，也似无理由如此，先王传承，历代遵奉。正百般无奈，时任翰林院侍读的谢迁似乎一下子看透了他的心事，锵锵上书："皇上选妃固然应该，但先皇的陵墓还未完工，起丧的草庐还是新的，选妃之事急什么？"这一下，终于解了孝宗的围。

如今，她看着他跪在佛龛前，双手合十，虔诚而沉静。他是否后悔自己当初的决定？

她的心中终归有许多歉疚。

如果，这辈子都不能生育，将会如何？

如果这样，或许应该……

这念头已冒出，她自己都吓出了一身冷汗。

她看看边上的孝宗，秋日的银杏树一片金黄，掩映下，佛寺华美而庄严，朱祐樘的忧郁似是与生俱来，在这样的季节，在这当下，却也甚为应景。

是的。她必须馈赠给她深爱的人一份大礼，而这，——不仅是俗世的虚荣。

历史没有真相。若有，也能以真相之名破坏。

朱厚照出生后，"郑旺妖言案"就此卷袭而来。《明史》、《明书》、《明孝宗实录》、《万历野获编》及《治世余闻》记录了这个案子。这是明史上发生的众多宫闱大案之一，其案曲折离奇，让人匪夷所思。缘为宫女郑金莲之父郑旺，称皇太子朱厚照乃郑金莲所生,在当时引起很大反响。由于后来由孝宗亲自审理此案,引发更多存疑。

今日我们已经无从得知朱厚照是否张皇后嫡出。如果朱厚照真是宫女郑金莲所生,弘治皇帝何必一定要坚持一夫一妻制而置皇太子生母于不义呢?是摆给世人看的噱头吗?这似乎毫无必要。没有人因为皇帝的三宫六院,而去谴责帝王的道德伦理。相反,十多年后,正德皇帝生活奢靡狂放不羁,连个后嗣也不曾留下,这倒反而更容易让人把矛头对向张皇后。

张皇后在皇太子朱厚照之后,还生下一个儿子三个女儿,只是全都没有活下来。

但是,卷土而来的"郑旺妖言案",让人深觉,此事似有蹊跷。所谓"无风不起浪"。或者也可窥知,张皇后在当时的口碑并不如何。

但是,皇帝却一心爱着她。

这是张皇后最风光的时候。《明史》载,"帝颇优礼外家"。皇帝追封张皇后父亲为昌国公,封她的两个弟弟官职,并且在她的家乡立家庙,大修土木,以致"工作壮丽,数年始毕"。

对于一个女子来说,最高的荣誉无非如此。

只是,张皇后最不争气的是她的两个兄弟。弘治朝,后宫倒是平静,外戚问题却是明一代最严重的。张皇后的两个弟弟被授予了大量的土地,依然巧取豪夺,与民争利,骄纵不法。《明史》称,"中外诸臣多以为言,帝以后故不问"。群臣纷纷不满,弘治皇帝对此事并不追究。说偏袒也好,爱屋及乌也好,张皇后深受弘治皇帝宠爱,毋庸置疑。

是怎样的疑云已经无法分辨

弘治十八年(1505 年),孝宗卒于乾清宫,享年36岁。

无论如何,不能让某个人成为你的全部。若是有天他离开了,你将一无所有。

这是最简单的道理。但是,身在其中,谁也假装不知道。

孝宗走后的日子,对张皇后来说,便是“风月夜,几处前踪旧迹。忍思忆。这回望断,永作终天隔”。这种悲伤,慢慢地也成了一部《无量寿经》。冷夜,一个人对着灯影,独自翻读:人在爱欲中,独来又独往。

作为贯穿起明史的女子,张皇后陪伴着明孝宗,让他作为明朝历史上少有的中兴之主,名垂青史。《明史·孝宗本纪》以“恭俭有制,勤政爱民”盛赞孝宗,张皇后应该是功不可没的。如果继位之朱厚照,有父亲之风范,张皇后这辈子也算功德圆满了。事实上,张皇后一生的坎坷,刚刚开始。

我们知道,朱厚照在位时间16年,却号称明朝276年来最能闹的一位皇帝。这位被大历史学家黄仁宇称为“明代君主之中最具风味的人物”,他一生经历的荒诞闻所未闻。他从正德二年(1507 年)入住自己营建的小天地——豹房,而不留恋象征权力和地位的金碧辉煌的紫禁城。他一生贪杯、

银镀金嵌珠宝瓶花

银镀金镶珠宝五凤纹钿尾

好色、尚武,甚至自己封自己为“威武大将军朱寿”,要求户部给他发俸禄,所行之事多荒谬不经。15年后,他钓鱼不慎跌入水中,救起后身体每况愈下。次年,朱厚照病死于豹房,终年31岁。并未留下一子半女。

这其中,他的母亲张皇后犹如消失了一般,在他执政的16年,并未见有关张皇后对其劝诫的史册记录,从而使得“郑旺妖言案”扑朔迷离。

历史必须忍耐

张皇后再一次登上历史舞台,展示她温柔背后的武略,是在武宗死后。

三月,京城黄沙漫天,杨柳与桃花,都在挣扎。武宗葬礼前夜,张皇后彻夜难眠,似乎一夜老去,秋霜满鬓。

武宗的短暂人生,尽管好色,却不曾留下一子。摆在张皇后面前的,就是一个残酷的事实——谁来继承皇位?

大明王朝,从朱元璋开始,到此时已经经历了153年。国家与皇朝的命运,就掌握在张皇后之手。

历史就是如此。没有“为何”,只有“如此”——扫落一地琐琐碎碎的爱与恨,情与仇,有情与无情。

与弘治年间不同,她已无当年的美貌与风韵。枯萎的花,哪来芳香、艳色与蜜晶。她孤独地守着以后的日子,却又要承担着历史的兴亡成败。

于是，16岁的朱厚熜作为明宪宗朱见深的孙子、明孝宗朱祐樘的胞侄、明武宗朱厚照的堂弟，被张皇后选为皇位的继承人。他从湖北赶到京城，五月在奉天殿即位，改年号为嘉靖。

在这其中，张皇后力排众议，和大臣杨廷和主政47天，镇压政变，并清除一批贪官污吏。朝政出现明中期少有的兴盛局面。

令人遗恨的是，在登极之初，嘉靖帝的自私、寡情就已露端倪。

先是他是不接受以太子登极的礼仪迎接他。他要以天子的身份登极，这无疑对张皇后是当头一棒。此后，嘉靖帝坚决不认孝宗与张皇后为父母。于是开始了长达三年的皇帝与朝臣的“礼仪之争”。嘉靖三年(1524 年)又有一大堆的官僚赴阙啼泣。皇帝震怒之下将134名臣僚囚禁，其中16人死于廷杖。很不幸的是，这位皇帝御宇期间长达45年之久。

张皇后的两个弟弟，也难以保全性命。嘉靖帝以张皇后之弟要谋杀自己之罪，准备诛杀其弟。《明史·后妃列传》载：“太后至衣敝襦席藁为延龄请，上犹不许。”寒风凄苦，张皇后屈几求情，自己解散头发，穿上粗布衣服，坐在草地上，乞求皇帝赦免。人生至这等况味，让人感慨。

张皇后的后半生，我不忍去想象。

在她死后，嘉靖帝将其弟诛杀。

而死亡，对她来说，或许正是一种解脱。

曲终人散

居其高者,不寒而栗。跌倒之时,也摔得最痛。

张皇后曾被称为最幸福的皇后。

日后,当嘉靖帝差点被群情激怒的宫女所杀,张皇后这一生,值得告慰的还有什么?

——是她选择了嘉靖。

有些选择,当作出的时候,它已经离开了母体,在历史的长河里兀自翻云覆雨。你无法阻止。只有,不甘与遗恨。

处处是时间的痕迹。人们称它们为——历史。

无用的激情 ◎ 记郑贵妃

万历十年的柔软往事

万历十年(1582 年),对万历皇帝来说,是个特殊的年份。

这一年,万历帝效仿他的祖父世宗的做法,在民间大选嫔妃,三月,他“一日娶九嫔”。民间所说最好色的皇帝,通常就以万历帝一天娶九个老婆为例。

时年,14岁的郑氏娇艳旖旎,被册为淑嫔。

六月,元辅张居正突然去世。世间已无张居正,万历帝大为快意。他终于脱离了翰林学士的羁绊,也摆脱了十年不能亲政的无奈与煎熬。他要做的第一件事,就是将清算张居正作为亲政的基础,以此树立帝王的权威。

这是忙碌的一年,他意气风发,力图破除他带给别人的这一柔弱的印象。而每每他犹疑的时候,他心爱的女人郑氏就会拂拂他的头,打他的肩膀一下,说:“陛下,您真是一位老太太!”(《酌中志》)

郑氏的难得之处,在于她的善察心意。最好的爱情,不是对彼此的敬畏,而是彼此内心通透,并无纤尘。

她与皇帝时常共读诗书,谈经论道,不觉日色向晚,两人的目光,都已是浓情蜜意。

他喜欢跟她说话。西窗夜话,天已发白。

她静静地听着,脸上有着光亮。

这些年来,没人能走进他的内心世界。

男人有时比女人更有倾诉的愿望。而位高权重之人,内心的挣扎与孤独更是难以言表。

爱就在是与非之间。它听任于人的内心。神宗需要郑氏，这是他唯一可以真正表达自己内心与激情的女子，也是他愿意与这个世界沟通的一种方式。

郑氏册封为嫔之时，神宗18岁，微微驼背。当时张居正还在，大凡政事，只要张先生一指令，神宗唯唯诺诺，没有半句说话的余地。有时神宗正在宫里喝着酒取兴，一听内臣喊皇太后到，顿时神情惶恐连大气也不敢出。

他当然是皇帝。但他更是有血又肉的男人。

郑氏一旦明白了这点，她与皇帝的关系，就有了一个很好的契合点。

我们来看郑氏的晋级之路：万历十年(1582 年)三月郑氏封淑嫔，八月晋德妃，十一月生皇次女云和公主，万历十二年八月晋贵妃，万历十四年正月生朱常洵，三月晋皇贵妃。位于王皇后之下，众嫔妃之上。

这一路多顺利。

短短四年。

万历十年发生的另一件事——八月，皇长子朱常洛出生。

朱常洛的出生纯属偶然，或者说，只是一次意外。

前一年的冬天，大雪纷飞，雪花落在屋瓦上更显得静谧安详。明神宗前往慈宁宫向慈圣皇太后请安。

事有凑巧，那天太后不在。慈宁宫的小宫女王氏便端了一盆热水让他洗手。小姑娘不见得漂亮，就是皮肤白净点。

万历帝一时兴起,就临幸了王氏。

完事后,万历帝当即就走了。他后来甚至试图否认。太后却欣喜万分,宫女王氏龙珠已结,生下的是儿子,且是皇长子。

万历帝在无奈之下,只好册立王氏为恭妃。

皇帝向她忏悔,说:要是你早点与我相遇,我何至如此呢?

郑氏灿烂一笑,在四月初开的紫藤花下,她的眼神柔和,映得皇帝的心也柔软起来。

她说:陛下,我不是悭吝之人。世间女子那么多,有何不可?

后世有人称:任何一个深在爱情中的人都是阴谋家。真是如此?

漫长的较量

万历十三年(1585年),郑氏生皇三子常洵,两个月后,她直接晋为皇贵妃。此事关乎国本之争,朝廷如同炸了窝。

这其中原因:一是由于生皇长子的恭妃并未晋升。子以母贵,郑贵妃之子可能会直逼太子之位。二是“有嫡立嫡,无嫡立长”乃明始祖宗成法,如果立皇三子为太子,乃以幼凌长,不合于伦常之道。如此立储,在臣僚看来,简直是天理难容。

万历皇帝上朝时,坚决地否定自己的用意。他说册妃与立储是两不相干的事。廷臣不必多虑。

皇帝已开金口，众臣将此事暂时搁置一旁。于是皇贵妃顺利册封，却始终又是众臣心头之患。

很快到了万历十八年(1590年)，万历皇帝仍未立太子。由于明朝规定只有立为太子，才能出阁读书，此时，皇长子已经八岁，问题迫在眉睫。

京城文官坐立不安，他们集体要求册立皇长子常洛为太子，如不行，则请求辞去官位，以此向明神宗施加压力。

明神宗此时似已被逼到绝境。

郑贵妃更是焦虑。这些年来，她与皇帝如影随形，她原本以为，皇帝与她既有承诺在先，处理此事会易如反掌。

但是，随着姜应鳞等几位建言者的相继被贬，朝廷之中保皇长子派却依然势头不减。六部和首辅等无数大臣多次奏请立常洛为太子，绝大多数官员都被神宗以各种罪名贬斥。但他们准备好贬谪与罚俸，如此前赴后继，甚或以“悲壮”冠之。

相比太祖朱元璋、成祖朱棣的艰苦创业、用人得当，宣宗朱瞻基、孝宗朱祐樘的兢兢守业、君臣和谐，神宗朱翊钧亲政后则是倦勤荒怠，君臣隔阂最为突出。

《明史·神宗本纪》载：“储位久不定，廷臣交章固请，皆不听。”其间，凡有言及皇长子出阁读书一事，均受到贬谪或罚俸。皇帝与廷臣的关系，始终处于对立状态。

其实宫闱之中，可以称得上事情的也就两样，一是争宠，二是生子。建立在前两样之上，就有了其三——争太子之位。

历朝后宫，概莫如是。

人性的不可逆转由此可见。

幸运的是，对郑贵妃来说，最强的对手王皇后退出了这次竞争。王皇后在万历六年(1578 年)册立，史称“性情端谨，淑颜姣美”，却得不到神宗的宠幸，未曾生下一子。

而恭妃王氏不过是默不做声，太为平常的宫女。

有时，当对手太弱，人的自信就会爆棚。

郑贵妃此时总会忘记，恭妃身后支撑的，可是大明王朝的伦理纲常。

所以，当以申时行为首的四位大学士也因立储问题向皇帝递交辞呈，理由是无法向百官交代，神宗深感问题的严重性已非他自己能掌控。

他见了郑贵妃，唉声叹气。那声声叹息，短促而无力，让人心乱如麻。

郑贵妃说：“陛下，不如待其一年，赢得时间再说。”

这年元旦，皇帝召四位大学生入宫，宣布：如果一年之内廷臣不再以立储一事打扰他，他可以在1592年立皇长子为太子。

万历二十年(1592 年)，一切如同郑贵妃所料想的，皇长子依然没有立储。

正如万历帝曾主持的一次殿试，试题的内容是：无为而治。

美人用心良苦

时光总是如此无声无息。中间依然争端四起。

郑贵妃身为万历皇帝身边红人的日子，委实太长了。这些年，皇帝与她朝夕相伴。事实是，自从万历十四年(1586 年)起，万历皇帝就很少上朝。

明朝治理天下臣民，以道德代替法律，以“四书”中的伦理代替宗教，以此来维护社会秩序。万历帝要弃长立幼的企图，纵使在法律上有可以左右迁就之处，但在坚持传统观念的臣僚心目之中，早已不合伦理纲常。

在这样强大的道德和舆论的压力之下，万历帝也越来越烦那批指使他的人。他明白立郑贵妃之子朱常洵为太子的计划已很难成功，又不甘心让这批臣僚得其所愿，便采取了在他看来最为积极的做法，那就是——消极怠政。

这一怠，就是28年。此为后话。

对于郑贵妃来说，万历二十三年(1595 年)是她回忆起来心绪复杂的一年。她原想让万历朝的一大难题——国本之争有所转机，不料因之祸起的“妖书”一案，其反响之大，牵涉人员之广，“致启大狱，贻祸迄今未解”(沈德符《万历野获篇》)，想必早已偏离了郑贵妃的初衷。

此事缘起这年初春，郑贵妃读到山西按察使吕坤所辑的《闺范》一书。这本记载历代贤妃贞女的图说，以汉代明德皇后开篇，一时让她爱不释手。

以郑贵妃之聪慧，她敏感地觉得，这是难得的机会。

她为此书作序，且将自己列入《闺范》一书。“自出宫资”，命其兄郑国泰和侄子郑承恩重新刊刻，书名改为《闺范图说》。

此书当时是“朝士争购置案头”。《明史》、《明神宗实录》中，有多处记载郑贵妃作序一事。

没有想到的是，万历二十六年(1598 年)秋，有人匿名为《闺范图说》写了一篇跋文，题为《忧危竑议》，直指郑贵妃重刊此书，实质上是为自己的儿子夺取太子位埋下伏笔。该文以传单的形式在京师广为流传。朝中一片哗然。

国本之争以此种形式再次成为万历朝关注的重点。

今日我们重读郑贵妃仅留世间的序文，果真文采斐然。以郑贵妃之美貌与学识，在历代名妃的长卷上留名亦是不足为奇。

但是，我们回看万历时期的国本之争，就会发现，这本书出得实在是不合时宜。

在明朝，只有太祖朱元璋的马皇后、成祖朱棣的徐皇后编书并且公开刊行，郑贵妃在皇储未立、国本未定的情况下，将自己作为闺范纳入书中，在其他人看来，这分明是标榜自己，也是为自己母仪天下、儿子争夺皇储的地位做好宣传准备，其野心昭昭，不言而喻。

由于事关郑贵妃，且又是国本未定之时，因而万历皇帝尽管称《忧危竑议》为“妖书”，可又不好大张旗鼓地追查作者。他亲下谕旨，下令逮捕几个涉嫌官员，并说明《闺范》一书是他赐给郑贵妃的，此事暂时告结。

这是“妖书案”的第一阶段。

万历皇帝与他的文官集团，依然在僵持中。

国本之争旷日持久。郑贵妃以其机心，让这一切继续。

这番挣扎多徒劳

一个女子的幸福，是那么的轻浅明灭。

记得那年三月，柔风吹过，洁白的梨花满天飞舞，分明是宋词的意境。她与皇帝俪影双双，拜谒神佛，立朱常洵为太子的御书正封缄在玉匣内。

所以，当文官们的情绪已经如火如荼，不可遏制，立皇长子的奏本似雪片般飘过来，万历帝为之心乱意麻时，郑贵妃总是淡然一笑地说：“何不将奏章一概留下，无需回复？”万历帝转忧为喜。

世间许多事，不予理会，就是最好的理会。

郑贵妃有自己的人生哲学。想当初永乐皇帝以皇四子的身份，从侄子手中夺取皇位，而在他之前还有两位皇子，长幼之序又在哪里呢？

这些年来，皇三子朱常洵逐渐长大，活泼可爱，很为讨巧，是父亲最爱的皇子。既已有封缄的御书，如今一切皆是——事在人为。

好的爱情，能激发人性中最美好、最真纯、最柔软的一面。我们不能不说，在立储一事上，郑贵妃的私心，让这桩万历时期的爱情故事沉重不堪。

在漫长的争夺战中，郑贵妃确实是殚精竭虑的。

她先想出“待嫡”一计。也就是让万历帝加以宣谕，他之所以迟迟不立太子，是因为等待王皇后生出的嫡子。

只是可惜，廷臣们不等公议，就推翻了这个建议。

郑贵妃又生一计，说：“不如，三王并封？”

万历帝惊喜地说：“贵妃果然智慧！”

所谓“三王并封”，就是在立太子之前，将皇长子、皇三子以及另一个皇子三人都先封王，以后再择其中善者为太子。

这样的思维逻辑与第一计相似，无非都是为了表现皇子们的平等，不存在“长”、“幼”之别。

这个计策被万历帝交给阁臣拟旨时，又遭到了反对。

无数个回合下来，万历帝与廷臣的矛盾已经不可开交。万历二十九年(1601年)，皇长子年19岁，仍未立储，也未能出席翰林院读书。慈圣皇太后出场了。

自从万历帝亲政以后，太后基本不管朝政，也不再干预他的生活。但这次不同，太后要来表达自己的意图。

《明史·李太后传》、《先拨志始》记录了此事。

太后问神宗：“外廷诸臣都说要定皇长子为太子，你究竟有何打算？”

神宗回答："他是宫女的儿子。"

慈圣皇太后勃然大怒："你不要忘了,你也是宫女的儿子!"

原来皇太后也是宫女出身。神宗当即"惶恐伏地,无以自容"。

事已至此,似是无力回天。还有御书——御书尚在——这是郑贵妃在暗夜中犹如看到的天光。

郑贵妃取出珍藏的万历十三年她与神宗祷神盟誓的密誓御书,《明伦汇编·宫闱典》记述当时这场面：

"封识宛然,发合虫蚀书尽矣。帝悚然异之。"

玉匣封缄完好,密誓几乎被虫子蛀光。

神宗打了个冷颤,天意如此。

这年十月,虚龄已20岁的朱常洛终于被立为太子。

闹了15年之久的国本之争,总算告一段落。这场万历年间最激烈复杂的政治事件,共逼退首辅大臣四人,多人遭斥黜、降调、罚俸以至廷杖。但是事情还没有结束。

漫长的对抗,让万历帝身心俱疲。他曾励精图治,也曾有与张先生一起打造的万历前十年的辉煌政局,但现在他的政治热情与政治理想彻底破灭。

他只是名义上的天子,受制于廷臣,这才是权力的真相。身为九五至尊,却无力给自己爱的女人兑现一个承诺,无法如自己所愿去做一件事,这是万历皇帝的悲剧或宿命。

欲望已是无法消停

晚明实在一言难尽。

这个时代,政治腐败,经济文化和社会生活却非常繁荣。吴承恩、汤显祖、徐霞客、凌濛初等人都曾据一席之地;时代思想的自由与行为的压抑并存,被神宗送进监狱、万历三十年在狱中自杀的李贽以及名臣海瑞等人也曾影响许多人。晚明士人一边沉痛地指责明朝纲纪不振、党争误国,一边沉醉在声色歌舞之中,刻本《金瓶梅》、《水浒传》,“三言二拍”方兴未艾,“妖书”一案却又卷土重来。

万历三十一年(1603年),皇长子已经在万历帝百般无奈之下立为太子。此时突然冒出《忧危竑议》的续文——《续忧危竑议》,继续不折不挠地谈及国本之争。

“妖书”在继续,“一夕之间,自宫门到街巷遍见”。

全文仅三百多字,再次旧事重提,假托“郑福成”为问答。所谓“郑福成”,意即郑贵妃之子福王朱常洵当成功。书中说:皇上立皇长子为皇太子实出于不得已,他日必当更易,立福王为太子。

此文触到了郑贵妃的痛处。郑贵妃想起万历二十三年(1595年)自己的高调行事,反而促成皇长子立为太子。事隔八年,《续忧危竑议》又旧事重提,如此,反叛之心昭告天下,必会遗患无穷。更何况,尽管郑贵妃父兄合力协助,郑氏集团已很难阻止太子登基之路。

郑贵妃的哭诉，在神宗心里，字字句句，都像是在其心口撒盐。

与五年前“妖书案”的低调处理不同，如今太子已立，“妖书”却又卷土重来，明神宗怒不可遏，以泄心头之恨。

他当即下令东厂、锦衣卫以及五城巡捕衙门立即搜捕，“务得造书主名”，“悬赏金五千两”捉拿之。致使“举朝见书失色”，京师人人自危，惶惶不可终日，多人惨遭刑狱，终于酿成晚明史上有名的政治疑案，至今仍无答案。

康熙帝能两废太子，立太子的密诏等驾崩后才宣读，这不仅是康熙帝本人厉害，也是时势异也。相比之下，明臣能与皇帝“争国本”，让人感叹那个时代。

这是神宗的“醉梦之期”。他怠于临朝，勇于敛财，28年不上朝，宅在宫中，纵情犬马声色，矿使与税使遍及四方，到处搜刮民膏民脂。宫中之奢靡也是惊人的，就以万历二十四年为例，这一年，仅供郑贵妃和其他妃嫔使用的胭脂费，就支用白银四十万两，而当时全国的田赋收入仅四百万两。

每个时代都有所谓的红颜祸水。

情欲搅动历史，哪怕星光点点，也不过是春色三分，二分尘土，一分流水。欲望是个体的狂欢。当无可遏制的情欲与历史结合在一起，历史便有了雨季女人丝绸内衣的质感——柔滑、潮湿却又香艳——这折磨人的情欲啊。

说起来，郑贵妃只是想让自己的儿子立为太子登上皇位。尽管神宗也封了皇三子常洵为福王，并让福王暂不去封地，

银镀金嵌宝石钿花

银镀金嵌宝石钿花（一对）

留在自己身边；对福王的婚礼和新建府邸的费用，超出十倍拨给；还封赐郑贵妃及其家族，但是对郑贵妃来说，这些都只是一个失败者应得的安慰——甚至远远不够。

万历四十二年(1614年)，福王被群臣所迫，只好赴洛阳就藩。神宗指令湖广、山东、河南三省以田地四万顷作为福王庄田，并派一支由1172艘船组成的船队，载着王府一千余人及大量金银财宝并由1100名士卒守卫，几乎把皇家的积蓄搬了很大一部分。

郑贵妃与神宗送别最爱的儿子，悲恸欲绝。

这是他们的最后一面。

一切都在失去。一代帝王，也无力回天。

历史由无数个偶然组成，却注定了必然的结局。

《明史》评点："明之亡，实亡于神宗(万历)。"赵翼《廿二史札记·万历中矿税之害》："论者谓明之亡，不亡于崇祯而亡于万历。"清高宗乾隆帝在《明长陵神功圣德碑》中则道："明之亡非亡于流寇，而亡于神宗之荒唐。"

或许，如能让皇三子立为太子，国本之争也不会成为万历帝荒政怠政的理由，明王朝也不至于迅速走向末路。

如果郑贵妃能够体恤万历皇帝的难处，不固守己见，宽容大义，历史的演变又何止如此？

时光的慈悲在于，我们能够徒劳去假设那些徒劳的东西。

这以后，明宫还发生了"梃击案"、"红丸案"，与"移宫案"，并称为晚明三大案。三大案都涉及皇位继承问题，而郑贵妃欲立常洵为太子之意天下尽知,万历死后,郑贵妃又比他多活了十年,她被认定是祸国殃民的妖孽,明宫三大疑案与她均脱不了干系。

此后,她年老色衰,住在紫禁城一座寂寞的宫殿里。

万历帝在生命最后一刻,遗命封郑氏为皇后,死后合葬在一起。可三百余年后,当人们打开定陵,却发现所有的棺床上都没有郑贵妃的影子。皇权产生在百官的俯首跪拜之中,既然他生前与臣僚失去威力,死后这种遗命根本就无人去履行。

崇祯三年(1630 年),郑贵妃去世。她的儿子福王朱常洵,在郑贵妃死去 11 年后,被李自成农民军所杀,尸体跟鹿肉掺在一起,做成福禄酒肉,供军士填了肚子。

历史有着自身演进的内在逻辑。

它的运行,有的并非用行为的因果关系能加以解释。

当年拼得醉颜红,说起来,只是无用的激情而已。

绽放与寂灭◎记田贵妃

壹

田贵妃应该是几千年来皇宫禁苑中闪亮的后妃之一。

她花明雪艳,色艺双全。任绝世佳人,亦难得其风韵。

与许多君王的歌舞升平不同,崇祯一朝,始终内忧外患,末世的亡音不消停歇。

崇祯皇帝在位十七年,“不迩声色”。民间所传的六宫粉黛,旖旎妖娆,在崇祯一朝,并非如此。他的后宫简洁朴素,有名分的也就四个:周皇后、田贵妃、袁贵妃和贤妃。

如果专恃色相,田贵妃不会受到崇祯帝长久的宠爱。毕竟,一朝陪在君王侧,没有精神上的交流与欣赏,这个年轻女子不会成为帝王身边不可或缺的人物。

崇祯帝是明光宗朱常洛第五子,明熹宗朱由校弟。天启二年(1622 年),他被册封为信王。明熹宗病故后,由于没有子嗣,他受遗命于天启七年(1627 年)八月继承皇位。

我们参阅历史记录,不难发现,公元1619年4月,万历皇帝的十万大军被努尔哈赤击破,朝代的命运已被注定,此后的四分之一世纪只有令人感到颓丧。

作为大明帝国的末世,崇祯皇帝朱由检在战战兢兢中即位。《胜朝彤史拾遗记》云,为防宫中膳食遭阉党魏忠贤下毒,崇祯帝登基之时,前朝懿安皇后劝嘱:勿食宫中食。他便随身携带家中由周皇后亲自做的麦饼,藏在袖子里进宫。可窥当时情况之凶险。

另一次，魏忠贤进四个国色天香美女给崇祯帝。崇祯帝“欲不受，恐致疑，遂纳之”。待四大美女入宫后，崇祯帝命人搜索她们的身体，“虚无他物”，只是在衣服的一角发现了佩戴的香丸一颗，大如黍子，时人称之曰“迷魂香”。此药凡触之，即神魂颠倒，纵情床笫之中。崇祯帝识穿了这个阴谋，“上命勿进”。

想崇祯帝在位，每日不说是风声鹤唳，至少也算得上殚精竭虑。他即位才两个月，这个16岁的少年就以雷厉风行之手段收拾了魏忠贤，民间称颂他为“圣人出”(《五人墓碑记》)。但他又疑心太重，驭下很严，崇祯期间内阁辅臣走马灯似的换了50个，兵部尚书换了14个，所杀大臣不计其数，仅总督就有七人，国家社稷终也摇摇欲坠。

这是个充满困惑、矛盾而又刚愎自用、极具悲剧色彩的君王。能够陪在这样的君王身边，并赢得他的欢心，陪伴他艰辛的践行理想之路，田贵妃定有过人之处。

妃子的命运，总是与末代皇帝悲剧的一生紧紧羁绊。田贵妃又怎能离开这样的历史背景，兀自逍遥成章？

贰

扬州果然是出美女的地方。西汉成帝的美女皇后赵飞燕，就是扬州人。这一方波光潋滟的水乡，润漫的季风吹拂，养出的女儿清灵水嫩，又气韵动人。如同那些望女成凤的父亲，田妃之父田弘遇，对自己女儿的前途充满期待。

田弘遇是个武职的把总（在武职中级别是最低的），后在扬州经商，家境富裕。商贾人家，终为当时社会所不齿。

吴梅村写田贵妃的《永和宫词》云："扬州明月杜陵花，夹道香尘迎丽华。"张丽华系南朝陈后主的贵妃，虽为美人，出身低微。如此说法，也是有意指田贵妃出身不高贵。

田弘遇明白必须改变自己卑微的身份。在女儿的智力投资上，他是倾注了心血的。

他"觅善书画者教之"，又让自己在扬州遇到的一个薛姓乐妓教田秀英鼓琴，这个乐妓后来成为田秀英的继母。他一心想让女儿嫁入官宦人家，最高理想是"为士绅侧室"，自己傍得点官气，以是足矣。没有想到田秀英居然想他之不敢想，"竞得选入，宠冠后宫"。

崇祯元年（1628 年），田秀英封礼妃，后为皇贵妃。田弘遇也因此节节上升，《明史·后妃传》中记载，"父弘遇以女贵，官左都督"，自此骄纵不法，引得田贵妃以自杀相威胁才稍稍收敛。这是后话。

与田弘遇一样交上好运的，还有周皇后的父亲周奎。

周奎原不过是苏州贫寒人家，日子过不下去，跑到京城前门大街，替人看相算命过日子。不承想，命运的轨迹就此改变。

天启六年（1626 年），当时的信王朱由检为了大婚挑选王妃时，主持后宫事务的懿安皇后，以长嫂代母的身份，从众多候选人中挑选了周氏、田氏与袁氏。朱由检即位以后，这三位女子随之晋升。

应该说，明代选后妃的制度是十分规范的。这几个女子，都是经历八道关，层层选拔，终于荣登魁首的。这种选妃，其过程大致分为“八级”，逐级加以筛选淘汰。当初朱元璋汲取历朝后宫乱政的教训，规定“慎选良家女为之，进者弗受”，故“妃、后多采之民间”。

然而，在那大规模的选秀之后，对民间来说，最为热闹的，自然就是留都南京秦淮河边的“歌艺选妓”活动了。明清两代，是十里秦淮的鼎盛时期，富贾云集，青楼林立，画舫凌波，成为江南佳丽之地。所谓的“秦淮八艳”、“江南四大美女”，都是由此脱颖而出。有些女子，在宫廷选秀落选后，直接参加了选妓，倒也是挣脱了宫廷的冰冷与争斗，人的命运无法言说。

叁

田贵妃的出场，就像娱乐圈的大牌明星，耀眼瞩目。

她天生丽质，有芳艳之色，又有寂冷之味。向来惜墨如金，吝啬于对后妃们的才貌作描述的《明史·后妃传》，难得地用了“妃生而纤妍，性寡言，多才艺”三个短句来描述田贵妃。她惊才绝艳，婀娜美丽，却又意气萧淡，烟视媚行——正合崇祯皇帝的口味。

与乾隆帝的香妃一样，田贵妃还天生带有奇香：“虽酷暑热食,或行烈日中,肌无纤汗,枕席间皆有香气”(李清《三垣笔记》)。这种冷香,轻软隽永,余波潋滟。让人意欲醉入其中,却又不敢轻易走进——如一个女子,裙裾简朴,却又风姿绰约曳动在良夜。

田贵妃写得一手好书法。她自小学习钟繇的楷书,得其精髓,势巧形密,古雅天然。偶然机会得到了王羲之的书法禁本,便反复研究,中、侧、露锋,浓浓淡淡,几年下来,临摹的作品笔法精致,委婉含蓄,美轮美奂,哪怕崇祯皇帝看了,也无法区分哪个是真品。这以后,凡是进入宫中的书画卷轴,崇祯帝都会交给田贵妃题词鉴赏。对于这位色艺齐全的贵妃,世人艳羡不已,其声名很快在坊间传颂。

而皇帝偏偏也能应和。他好读书、写字,书法逼近欧阳询。他的手谕写得清秀遒劲,其骨气之劲峭,意态之俊逸,亦有倜傥之才情。这两人,闲暇之时,便得以彼此切磋,红袖添香,好一副勤学景象。

田贵妃还是一个娱乐天才。说起来,她音乐、书法、下棋、骑马、狩猎几乎无所不通,甚至,还能以三寸金莲,单足立于马蹬,百步穿杨。她以自己极致的才情,使崇祯帝本来刻板的生活斑斓多姿。对崇祯皇帝来说,这是天生尤物,是上天对自己的慰藉。

只是晚明烽烟四起,世风颓废,纵情声色而又惶惑悲凉并行不悖。秦淮河边,佳丽云集,脂粉与艳情,风流会聚,互为点缀。京城却是政局动荡,忧患重重。吴梅村《绥寇纪略》

说:皇上在深宫之中,不苟言笑。

我们知道,崇祯帝当政,不说别的,单财政状况就让人焦心。天启初年,国家的财政收入不超过330万两,再加上赋税连年拖欠,实际的收入只不过二百余万两,而支出却达到了五百余万两。到了崇祯朝,更不必说,专平定战乱一项,国库就已淘空。

大凡帝国崩溃,首先应是经济崩溃,其后才是政治崩溃。面临国匮民穷的烂摊子,这时的后宫,出现了以往罕见的清静朴素风气,丝毫没有濒临亡国的那种醉生梦死的颓废景象。田贵妃则是素面朝天,这倒也是节省了大笔的化妆开销。她心灵手巧,栽花草,做园艺,还一人承担了为皇上缝补衣服的全部工作。

崇祯帝在位时,后宫没有玩弄珍珠宝玉的娱乐,也少声色歌舞的演出。明月清溪素影,田贵妃弹奏琴曲,有凛然清洁、雪竹琳琅之韵,又有飘逸洒脱,怡然自得之味,抑或细腻委婉,古朴悠扬,真是慰妥人的心绪。

崇祯帝说:这种琴声足以娱乐心神,胜过其他音乐。

田贵妃还擅长丹青,受继母薛氏的传授,工笔画也令人叹为观止。据说明亡后,田贵妃的《群芳图》散落人间,时人争相高价购之。《群芳图》有24幅,合为一本,堪称一绝。其中的荷花,一尘不染,妩媚雅洁,有是此花而不止于此花的意韵;露滴牡丹开,色润花艳,墨色在行笔中自然露出浓淡、干湿的变化,臻为上品。有蒋氏得其二页,一为海棠,一为芙蓉,

“幽逸冷艳,皎然独绝”(《梵天庐丛录》)。真是画如其人。

大凡田贵妃的画作,崇祯帝总是爱不释手。皇帝时常将画放在案头细细欣赏。并且特意命人加以装潢,每页都有“承乾宫印”,上端还有思宗题诗。可见其珍惜之意。

崇祯皇帝当政17年,可谓宵衣旰食,焦心求治。他曾将江山社稷压在袁崇焕一人之上,任命他为兵部尚书,督师蓟辽。没有想到两年后,后金兵攻陷迁安、遵化等地,他误信后金的反间计,杀了袁崇焕。曾经,袁崇焕两昼夜急驰三百余里前来救他,如今,满朝文武,找不到可信之人,现实的悲凉与残酷,让他不堪重负。而田贵妃的柔美可人,才情四溢,委实安慰了崇祯皇帝的内心,也让他深深眷恋。

因为这些缘故,两人引为知音。明思宗虽然每日干戈寥落,还保留几分才子的潜质。他精通音律,喜爱演奏乐器,也喜爱作曲,曾经谱写“访道五曲”:《崆峒引》、《敲爻歌》、《梧桐吟》、《参同契》、《烂柯游》。这些乐曲由田贵妃演奏出来,更有一种动人心弦的神韵。

这两人真是高山流水,琴瑟相和。田贵妃的美貌与作为,在历史的烟雨中,倒也是淋漓尽致地让我们感受到萦绕其间的香艳迷人的脂粉气息与卓尔不群的清雅风姿。

这是田贵妃绚烂绽放的年代。无人堪比。

肆

晚明实在是一个相当复杂而且多变的时代。一方面，政局动荡，山河行将破碎。另一方面，名士辈出，“天下文治向盛”，书画、文学、理论上都有相当出色的表现。这是董其昌、汤显祖、顾宪成、李时珍的时代，这也是笙歌彻夜，青楼林立，秦淮八艳色冠一方，艳之极致的时代。

明朝遗民余怀在《板桥杂记》中记载当时的秦淮八艳为：柳如是、顾横波、马湘兰、陈圆圆、寇白门、卞玉京、李香君、董小宛。这些女子若是当时“货与帝王”，脂粉与香艳充斥后宫，不知道历史又会如何。

田贵妃的艳与寂，深得崇祯帝之心。就算后来陈圆圆摆在他的眼前，也不过尔尔。

这天，崇祯皇帝命田贵妃弹琴。抚琴是田贵妃的绝技。她缓鬓倾髻，软媚着人，琴声悠扬清越，如黄莺出谷，乳燕归巢，绕树三匝，余音袅袅。崇祯帝大为惊叹，便问在场的周皇后为何不谙此道。周皇后没好气地说：“我是正经人家出来的，哪会这些东西。”她这一说，果然令崇祯帝满腹狐疑，他问田贵妃：“你从哪学的？”田贵妃说：“母亲教的。”崇祯帝便不说话了。

过一阵子，田贵妃让母亲进宫。这天，田贵妃好兴致，弹奏一曲《参同契》，又让母亲演奏《朝天》曲。薛氏果然好身手，一曲下来，“声遏行云”。崇祯帝在一旁连声叫好。

如此释疑，妥帖而又让人不知不觉，也窥其心思之缜密。

日后这样的事情还很多。崇祯帝是出了名的多疑，史载“帝刻忌”，也就是猜忌和嫉妒。与这样的人相处，有时可谓“步步惊心”。至于日常生活中的小心翼翼，对于田贵妃来说，亦是不得不修的功课了。

田贵妃也有不顾一切，直言相谏时。

有一阵子，崇祯帝沉迷于苏州女乐。田贵妃向来不是妒忌之人，国家大事与个人承欢还是分得清楚的。她上书直谏：“当今中外多事。非皇上燕乐之秋。”

崇祯帝居然没有羞怒，赶紧也批文回复说：“田贵妃，好久不见，学问大有进步啊。”

帝与妃之间的事，还是饶有意趣的。

崇祯帝还有个癖好，那就是爱把玩女人的小脚。比起弹琴写诗等风雅之事，这也算特殊爱好了。用张岱的话就是，人无癖不可与交，以其无深情也。也算对崇祯帝的褒扬了。

后宫中，田贵妃的脚最小，莲钩纤细瘦削，最为得宠。这天崇祯帝看见田妃的绣鞋刺绣得精美无比，正欲称赞，忽然看见绣鞋上用金线绣成的一行字“周延儒恭进”。崇祯帝便脸色大变，责备说：“你竟敢收外臣之物？”拂袖就走。自此好些时日不玩田贵妃的小脚。亦是有个性。

《明史·后妃传》中记录，田贵妃独承皇恩，“有宠而骄，后裁之以礼”。周皇后逮住了一个机会。有一年的正月初一，天寒地冻，按规矩众妃大清早要来给周皇后行礼。田贵妃来得最早，站在走廊里冻得不行，也没见周皇后召她进去。倒是袁贵妃迟了许久来，先进去行礼。当下时，田贵妃羞忿难平，到崇祯帝那里告状。

崇祯帝向以“明君”自称，见不得后宫之纷乱。以田贵妃之内外兼修，也不应该做事到被罚反省思过的地步。但这次崇祯皇帝一时生气冲到交泰殿将周皇后推倒在地，周皇后也不是简单的人，开始绝食，惹得崇祯皇帝后悔不已。他派人送了貂皮衣服给周皇后，又罚田贵妃搬到启祥宫反省三个月，这事才算了结。

整整三个月，她每夜独对青灯，寂寥，伤怀，泪湿衣衫。美貌不会永远，恩宠也没有永远。田贵妃的心酸，肯定大过于她的反思。

三个月后，这一天，春色宜人，桃花初开，永和门花事正盛。崇祯皇帝携周皇后、袁贵妃等人前往赏花。周皇后看出崇祯皇帝眼有寂寥之色，便细声软语地在一边对崇祯帝说：田贵妃好久不见，让她一起去赏花吧。

这是很好的台阶，刚好让崇祯帝下来，不需低头，也不牵强。

田贵妃接了过来，依然眼神含烟笼雾，身姿窈窕妩媚；素面朝天，却清香宜人。如同初见，甘美清凉，崇祯帝前嫌尽释。

这些事，说起来也是有声有色。连大历史学家黄仁宇都纳闷，这些历史记录中，反而是他们的私生活倒成为公众的问题，百官争吵不清，通常牵扯这皇帝御前的行止和他家庭中的纠纷，好像人世间最重要的事体不发生在他们祖庙之内,即发生在宫闱之中。

伍

崇祯朝后期,帝国在风雨飘摇之中。

我们来看崇祯十二年(1639 年)。

这一年正月,清军攻占济南,俘虏了40万人,掠金4000余两,银 97 万两。陕西、河南、山东发生蝗灾、旱灾,大饥,人相食。天灾人祸,让帝国不堪一击。

李自成则率50骑人马闯入河南。河南大旱,斛谷万钱,饥民争相参加义军,人数达50万。

徐霞客在四月来到滇西,游蝴蝶泉记曰:“泉上大树,当四月初花发,花如蛱蝶,须翅栩然,与生蝶无异,又有真蝶千万,连须钩足,自树巅倒悬而下,及于泉面,缤纷络绎,五色焕然。”

吴三桂时任辽东总兵,年仅27岁,受到崇祯帝重用。距他遇上陈圆圆还有一些时日。

冒辟疆此时初识董小宛。钱谦益在“草衣道人”王修微家得见柳如是。张岱43岁,“好鲜衣,好美食,好骏马,好华灯,好烟火,好梨园,好鼓吹,好古董……”传世之作《陶庵梦忆》还在创作之中。

农历七夕,留都南京暂时依然莺歌燕舞。复社四公子之一的方以智寓居秦淮河水阁，聚集八方名士，举办“征歌选妓”盛会。这一夜，画船箫鼓，去去来来，周折其间。天光晶映，朱栏倚疏，荷花风起香动。一番角逐，名妓王月脱颖而出。她色艺俱佳，“曲中上下三十年决无其比也”，又“善楷书，画兰竹水仙”，如出水红菱，又如孤梅冷月，含冰傲霜，“矜贵寡言笑”。几年后，新科花魁王月则被张献忠砍了头，她的头放盘子上蒸熟，“以享群贼”。王月的命运如此，让人唏嘘叹息。

我们再看崇祯后宫。崇祯十二年，国家已在内忧外患之中，后宫暂且保持原有的平静，却亦是暗流涌动。

田贵妃年仅五岁的皇五子突然病死。在此之前，她的两个儿子也都相继夭折。对于一个女人来说，哪怕“宠冠六宫”，哪怕美貌与技艺让世人叹服，都无法释缓骨肉分离阴阳相隔带来的致命伤痛。她自此卧病。

皇五子“少而慧，上绝爱之”（王誉昌《崇祯宫词》），崇祯帝对五皇子超乎寻常的宠爱。他的死亡有点蹊跷。不是病死，而是被活活吓死。死时说：“九莲菩萨让我告诉皇上，他对外戚薄情，就让他的儿子全都死掉！”崇祯帝惊恐不已，为此开始每月吃素十日，以免天谴。

这件事缘起国库虚空，崇祯帝要求贵戚捐助军饷。崇祯帝首先向武清侯李国瑞强借40万两银子，引得贵戚们一片恐慌。周后的父亲周奎带头向崇祯帝进言，崇祯帝不予理会，命令内官衙门按期追缴。李国瑞竟然吓得病死。他这一死，令外戚们兔死狐悲。

银镀金嵌宝石钿花

银镀金嵌宝石钿花（一对）

应该说，在正史上，周后以贤德留名。但野史说法纷纭，有说周后嫉恨田贵妃之得宠，联合父亲周奎，吓死皇五子，致田贵妃于死地。也有说，原本算命出身的周后父亲买通皇五子身边奴仆，装神弄鬼，以此招，逼迫崇祯帝放弃贵戚捐款。事实上，崇祯帝也是不得不停止向贵戚催饷，外戚的阴谋终于得逞。

以周奎之吝啬，我们不能不怀疑，遇上利益纠纷时，周奎会这样做。因为，几年后，李自成部队将要进军北京之时，国库虚空，崇祯帝秘密派太监徐高与周奎商量，叫老丈人带头倡议所有“勋戚”为国捐款，岂料周奎“坚谢无有”。后来反复劝说，才捐出个一万两。崇祯帝死后，周奎家被抄，李自成军队抄去“现银五十三万，缎匹以车载之”。宁愿让资产落入敌手，也不愿帮助女婿保家护国。崇祯帝摊上一个多么愚蠢而又卑小的老丈人啊。

皇五子的去世，对田贵妃，是致命一击。她万念俱灰，抱病在身，大费周章地辗转将仅存的皇四子送入与自己关系谈不上亲厚的前朝懿安太后手中，让懿安太后代为照顾，似乎也有难以言说的苦衷。

我们试图追寻历史的蛛丝马迹，但毕竟都只是个人的猜测而已。

只是，宫廷中的事情，哪怕尔虞我诈，都掩盖在真相的皮囊之中。

在这看似漫长实则白驹过隙的人生，绽放与寂灭，只是一步之遥。

陆

崇祯十五年(1842 年),崇祯皇帝第三次发布罪己诏。亡国的忧思,昭然在心。

他既有和朱元璋一样的勤奋,也不乏唐玄宗、汉武帝一样的中兴壮志。无奈大明已历经270多年,前几朝的积重难返,当时天下饥馑,疫疾大起,再加上李自成、张献忠等农民起义风起云涌,满洲铁骑步步紧逼,所谓“屋漏又逢连夜雨”,明王朝面临没顶之灾。

七月十五日,久病的田贵妃去世,年仅30岁。

她身心俱疲,劳思过重,悒郁而死。

一朝伴君,也只是片刻的欢娱;极致的才情,也只为一悦龙颜。

田贵妃恣情绽放,伴随他走过崇祯一朝的斑斓明媚与血雨腥风。整个王朝却似曾经华美如今破旧不堪的袍,她装点过它的华贵与清雅,幸而不必,目睹它的毁灭。

个人的命运总是与家国的命运紧紧相连。在错综多变的政治局势中,历史风云际会地让忠义之士留存史册。而这个曼妙的女子,也以香柔之姿,让明末枯萎黯淡的历史有声有色,而又凄凉悲婉。

崇祯帝悲恸悼之,辍朝三天,追封她为谥恭淑端惠静怀皇贵妃,将其安葬在思陵。

崇祯十七年(1644 年)的春节。正月初一,北京城内大风呼啸,出现了罕见的沙尘暴。“飞沙咫尺不见,日无光。”此乃不祥之兆。卦文上说,将有“暴兵破城”之灾。

历史注定崇祯帝轮上了一个悲剧性格的角色,——他的一生好像就只是为了中兴大明,他的整个生命都奉献给了重振祖宗家业这个镜花水月般的华丽梦想。到最后,却是,“嗟尔明朝,大数已尽”(李自成语),在造反军攻破北京之时,心力交瘁的崇祯皇帝在煤山自缢,终年34岁。

比起崇祯皇帝煤山自尽,周皇后乾宁宫自缢,袁贵妃依崇祯帝命自缢却未死,后由清廷赡养其终身,田贵妃也算死得恰到时候。

毕竟没有死于非命,也没有亲历亡国的伤痛与劫难。死后,田贵妃至少也还有一座正式的陵墓。

四月,李自成将崇祯皇帝与周皇后遗体草草葬入昌平县思陵(也是田贵妃陵寝之处)之中。

理想与现实、宠爱与冷落,是非与纷争,都已安于一穴。

田贵妃的短暂一生——从绽放到寂灭,华丽到清冷。

风流总被雨打风吹去,任世事无常。

最是沧桑起风情 ◎ 记孝庄文皇后

孝庄文皇后的一生,只属于大历史。

她经历的所有曲水流觞的故事,以及悲喜,如同时光的泡沫,沥干后,留下的是传奇——简洁深远的重大历史事件,激动人生的片断——只有传奇。(似乎没有人比她更适宜谱写传奇。)

想象一个女子,历史给她一个华丽而又充斥刀光剑影的舞台,她却如武侠中之绝顶隐士,身怀绝技而又不动声色,能一剑封喉却也能一再隐忍,行走江湖却只为辅佐他人,这又是何等的功夫。

她被世人誉为“清朝国母”。她的政治智慧尽人皆知。她的顾全大局引多少人尊崇。这一切,却只如冰山一角,迄今为止,她的神秘,没有人真正了解。

她的一生必有难言之隐。但是,人这一生,必须说清楚的话实在不多。

她的婚姻她不是主角

天命十年(1625)二月,孝庄出嫁,皇太极“设大宴以礼成婚”。

她年仅13岁,脸上还有着稚嫩的笑,却已出落得楚楚动人,落落大方。

马车颠簸。嗒嗒的马蹄,穿行在辽阔的科尔沁草原。哥哥吴克善护送在边,送她前往后金的新都辽阳。

她掀开帘子，眼前是碎金般的阳光。星星点点的绿意，正在唤醒这块沉寂的原野。偶尔有放牧的羊群，悠闲地踱步在草地上。这是她宁静美丽的家乡啊。

远处突然传来草原上马头琴的声音。激越高昂，又有万种柔情，悠扬舒缓。心儿醉了般，却也添了种她从没有过的感觉，那可是伤感？

那是留驻在她心中的乡音，也是她心中永存的深情。

皇太极这年已经34岁，正当盛年。这位努尔哈赤的爱子，生来面色赤红，勇力过人，步射骑射，矢不虚发，却也爱看书学习，能文善武。多年来，他跟随父亲四处征战，在逐步完成统一女真各部的基础上，他已经帮助他父亲努尔哈赤建立了新的后金国家。这也是一代英雄，无论在天命三年后金与明朝的第一次大战——抚顺之战，还是天命六年努尔哈赤发动的辽沈大战等重要战役中，他都起着举足轻重的地位，他以自己的战功，赢得父亲的喜爱与将士们的爱戴。

科尔沁部落首领莽古思准确地捕捉到这一非同寻常的信号。11年前他将自己的女儿哲哲嫁给皇太极，11年后，他又将自己的孙女布木布泰果断地再嫁给皇太极。

这桩婚姻之上的婚姻，在明末东北各族各部的混战中，成为巩固蒙古与遥远的后金女真的坚不可摧的城墙。

多年征战沙场的皇太极，对于再次迎娶博尔济吉特家族的女子，内心的荣耀感甚于对这桩婚事本身的喜悦。

他亲自到沈阳城外的北岗迎接，在那里举行了盛大的宴会,鼓声喧天,气势浩大,颇似沙场秋点兵。

这一天,天空是洗过的澄明。等送亲的队伍快到沈阳城时,已是暮色降临。谁也没有想到,大汗努尔哈赤居然也亲自率众后妃、贝勒、大臣出城迎接。

对于一个13岁的女子,她的第一次登场,就预示着非同一般的开始。

天空以极大的慈悲,俯瞰着苍生万物。整个沈阳城,正沉寂在巨大的喜庆中。

这样的欢欣,似乎注定让这个王国的国王与臣民,提前用这样盛大的仪式,庆祝一个日后能立大清基业,且让大清开始两百多年盛世的"两朝兴国"太后——孝庄文皇后的到来。

这一切都还太早。历史的大变革,还都在暗涌之中。

天命十一年(1626年)八月十一日,努尔哈赤病逝。他直至生命的最后一刻,也没有明确选出汗位继承人,这让汗位的争夺甚为残酷。尽管此前,努尔哈赤与代善、阿敏、莽古尔泰、皇太极四大贝勒对天焚香发誓,让子孙互相辅佐,勿开杀戒。但是,他死后的血腥,可想而知。

这场皇权争夺的第一个牺牲品是多尔衮的母亲,风姿貌美的阿巴亥。这年她才37岁。

八月十二日,以皇太极为首的诸王传努尔哈赤遗命,逼她殉死。按照当时殉死的限制,爱妻且膝下无幼子的可以殉死。《太祖武皇帝实录》中记载阿巴亥"心怀嫉妒,每致帝不悦",她应该不算是努尔哈赤的爱妻吧。而且她的三个儿子,最大的22岁，最小的13岁，多尔衮也只有15岁，儿子尚小，更不符合殉死的条件。

皇太极已经敏锐地看到了多尔衮的非凡才智，日后弟兄三人要是团结一致，其背后又有一个“颇有机心”的母亲，必定是个祸患。

小布木布泰冷静地目睹这个场面。辛亥辰时，阿巴亥怀着幽怨、悲愤与对儿子的不舍，走上政治的祭坛，自缢身亡。

政治斗争的残酷，尽在眼前。布木布泰忘不了这个死别的场景。哪怕很多年后回想起来，依然有死亡的气息，恐怖而森严，凛冽而又血腥。尽管她无意卷入政治的战场，但从她成为皇太极侧福晋的那一天，她已经站在历史的漩涡之中。

这一年的九月一日，皇太极终于在激烈复杂的斗争中力排众扰，登上汗位。

如愿以偿的一刻，有更深的危机潜在。科尔沁部落必须要给这场政治联姻再加上一个筹码。

这是在天聪八年(1634 年)，科尔沁部落的两个女人这么多年，也都没能给爱新觉罗家族添上一个皇子。

于是，在小布木布泰出嫁的第九年，她的姐姐海兰珠也嫁给了皇太极。那年，姐姐已是26岁。

自此，亲姑侄三个女人同事一夫，这样的婚姻本身应该无关爱情，这事情也有点离奇，在中国历史上十分罕见。

我们的顾忌对科尔沁部落的女人而言，根本不屑一提。

每个蒙古科尔沁大草原的女子,她们的婚姻都承载着民族的使命。对于她们来说,婚姻的第一要义,是为本民族的安定与延续。这是强大的历史使命,至于小布木布泰,她能做的,不是抗拒,而是服从,并且心甘情愿。

但是,阔别多年的姐姐海兰珠的到来,如同吹来草原上清新怡人的空气,沉闷的宫廷突然明亮而清丽起来。皇太极的脸上,有了一种别样的温情,让这位40多岁的男人有了一种震慑人的柔情。

崇德元年(1636 年),皇太极以古代名妃常用的封号,封海兰珠为“宸妃”。他以《诗经》中的“关关雎鸠,在河之洲,窈窕淑女,君子好逑”,将宸妃居住的寝宫命名为“关雎宫”。这个成熟女人,周身散发着桃子的气息,丰满圆润而芳香,让皇太极深深迷醉。

也正是在这一年,皇太极将海兰珠的地位列为五宫中的第二位。仅次于她的姑母哲哲,也就是孝端文皇后。布木布泰则为庄妃,列为五宫之末。

我们从这个“庄妃”的“庄”,似乎略知端倪。她嫁给皇太极时才13岁,不谙儿女之事,终究也不解风情。皇太极有时看着她读史讲诗,一副认真端庄的模样,也只是欣赏这个小女孩的好学,这种感觉与爱恋不同。哪怕她渐渐长大,在他心里,依然是那个能捧着一部《三国》读到天黑,帮助姑姑哲哲管理后宫井井有条的女孩。她行事庄重,她是个好女孩,但她不是他爱的女人。

只是，对于庄妃来说，哪怕比她迟入宫九年的姐姐都位于她之前，这又何妨。将痛苦与落寞深埋心中。命运本身是不规则，不分类的。不用着急，也不必埋怨。或许有时需要的，就是那一点点的耐心，一点点的容忍而已。

崇德三年(1638年)，在庄妃嫁给皇太极13年又坚持不懈地为他生了三个女儿后，皇九子终于来到这个世间。这是在宸妃所生的已被定为皇位继承人的皇八子夭折的第二天。这个时间节点有点微妙。皇太极将这个孩子起名为：福临。

皇八子的早夭，让姐姐海兰珠痛不欲生。入宫的第八年，33岁的宸妃离世。

皇太极悲恸欲绝，寝食俱废，乃至昏死过去。待一日忽迷惘乃悔曰："天生朕为抚世安民，岂为一妇人哉？"这个领悟算是透彻，一代天子的使命，应该是江山社稷，而非美人也。只是，"上仍悲悼不已"，不到两年也追随宸妃而去。

对于庄妃而言，18年后，儿子顺治帝因为董鄂妃的离世悲痛欲绝随之而去，便是丈夫皇太极情感悲剧的复制而已。

只是，这是改变庄妃命运的皇九子。这也是大清的龙脉——顺治皇帝。

命运有时给你丢下个戏谑，我们信以为真，捡起来以为是个礼物。(可是，它真的就是个礼物啊。)

这场婚姻，她不是主角。

可是，又有什么关系呢？历史无意将她推到封口浪尖，但是无疑，她是最大的胜利者。

她的爱情她不在场

崇德八年(1643年)八月九日,皇太极突然离世。由于未预定储嗣,使皇弟多尔衮与皇太极的长子、肃亲王豪格之间展开了激烈的皇位之争。双方势均力敌,相持不下。

那年,庄妃才30岁,福临6岁。

那年,多尔衮31岁。距他的母亲阿巴亥被逼殉葬已有16年。

历史翻过了那一页。但是,它像刀一样,刻在阅读者的心里。

一个是五宫之末的庄妃,一个是正当年富力强的骁勇之才。落寞的美人与失势的英雄之间,总得有一种惺惺相惜,撞击出火花,演绎出一段故事,才不辜负一大群看客。

庄妃与皇太极相伴18年。这位改国号为大清的皇帝,与她一起度过风云变幻的岁月。这种感情,是对岁月的感激,并不是一个“爱”字所能涵盖的。

然而,从小失去母亲的多尔衮,他看着庄妃从稚嫩的小女孩,长大成一个举手投足别有韵味的女子,有种别样的感觉。他也仿佛觉得,人多的时候,她总向他投来的关切的神情。有时他突然抬头,刚巧与她的目光相对,她的眼里有着笑意,他的心情也就明媚起来。有一次,她正在花园里读书,他恰好路过,不忍打扰,阳光透过树叶落在她的脸上,细腻凝神,似是通透的一个人儿。他害怕再站下去,再看一下,就看一下,自己会走过去说些什么话。他第一次有种无法自抑的力量在牵着他，赶紧逃走。

皇太极的离世，让一切都改变。

如果你倾心一个人，你想到她，充满快活，这充其量只是喜欢。爱却是一种伴随痛感的心理体验，不管那人多么荣耀，你心里就是有一种驱不散的莫名的怜惜。

更何况，他目睹她失去皇太极的悲痛。说起来，多尔衮的妻妾也有十多位，但从来没有一个女子像她那样，能让他怜爱到心痛。

这位努尔哈赤的第14子，顷刻溃不及防。

尽管手握重兵，权倾一时，成全自己的野心，成为一代帝王，告慰他母亲在天之灵，已是一步之遥。但是，在庄妃面前，他突然之间没有了斗志。江山社稷毫无意义，只要她露出欢颜，世间的一切放弃，都是值得。

似水般的柔情，娇弱的身躯，忧伤的眼泪……这就是在多尔衮面前的庄妃。“以天下之至柔，驰骋天下之至坚”。这可是她让多尔衮心动的缘由？

他几乎一夜间，推翻了自己原来的所有野心。第二天，提出动议，拥立皇太极第九子福临为帝，结果获得通过。福临于八月二十六日即帝位。

她不动一刀一枪，顺利让儿子登上皇位。自此，她亦不再是庄妃。后世称她：孝庄文皇后。

福临即位，小皇帝羽翼并未丰满。她依然需要依靠多尔衮。他则甘心情愿当上个摄政王，全力辅佐她六岁的儿子。

四处征战，平定天下，其中的艰辛与苦心，只为一个人快乐。

她如愿以偿，她的目光里果真有着欢喜。他这次真的是沉浸其中了。他忘记了爱情不一定就是两个人的欢悦，有时也是走过一片片空旷的原野，四处回望，只有自己一个人，站在萧瑟处。

在他面前，她已经贵为皇太后，却是凡事依靠他，需要他掌控朝廷局面，需要他应对四起的战乱。但是，她的内心，正过千沟万壑。

虽说儿子是皇帝，但是，皇帝的玉玺也是由多尔衮操控的。皇上没有玉玺，只能是个摆设。顺治帝已经渐渐长大，这种矛盾一触即发，却又苦于无奈。哪怕孝庄多次劝告："忍下就好。"或者说："退一步，海阔天空。"谁也不知这种忍耐能够持续多久。这样的冲突一触即发，宫殿里又一场残酷的厮杀就要开始，没有想到的是，顺治七年(1650)十一月中旬，多尔衮突然发病而死。

死亡是最好的终结方式。终结了多少暗潮涌动的危机。似乎有时也是上天奉送的礼物。

那么，回望多尔衮与她的这段情感，我们只能说，她并不为爱而生。

她本来也可能成为一代皇后，如果多尔衮能够登上皇位。但是，她选择将情人送上不归路，让自己的儿子登上皇位。很多时候人的选择，不是非黑即白的分野，而是在两难之间抉择。

爱情来了,她选择不在场。

当她从遥远的科尔沁部落嫁到后金,经历这么多年钩心斗角、尔虞我诈的皇权纷争,她比谁都明白,全力去缔造帝国稳定的基业,才是爱新觉罗女人的使命。

世上再也不会有像多尔衮这样的男子,这样地爱着她,为了她,甚至拱手将皇位相让。可是,对于子孙万代的千秋帝业来说,她自己的爱情又算得什么呢。

历史上,法国路易十五继位年仅五岁,菲力普摄政。摄政王的首要任务就是要恢复国家的秩序与稳定,菲利普也取得一定的成绩。但是,摄政王时期也是法国历史上道德最为松弛的时期。菲力普摄政八年,他是个勇敢而仁慈的人,同时,纵欲与享乐,占据了他生活的大半。他在最爱的女人的怀抱里死去,为人生画上句号。

这是多尔衮去世多年后,在遥远的欧罗巴,摄政王的故事。无论是多尔衮还是菲利普,摄政对其个人而言,实乃千秋万岁名,寂寞身后事;对王朝而言,却是飞云过尽,谁与争功。但总得有个念想他的人吧。

多尔衮是个真心对她的男人。只是他不一定懂得她。

可是,多年后,她会怀念那个叫多尔衮的男人吗?

如同徘徊在布满青苔的雨中石阶上,眼前是杨柳般的雨。满身的潮湿,满眼的苍茫。

这种感伤,在她的内心,只能是一种悲怆。成不了遗恨。

这个夜晚有点冷

多尔衮死后,顺治帝亲政。他确实面临一个烂摊子,大规模战乱刚刚结束,经济凋敝。这是最坏的时代,这也是最好的时代,顺治帝可以亲历而为,力求复兴。但是,他只有14岁。

八旗制度的存在,使诸王统军议政,几十年的征战,尤其是清朝入关以后,诸王、贝勒、贝子、公侯掠夺了大量财产,占据辽阔土地。诸王势力日趋强大而皇权衰微,这是客观存在的问题。限制诸王贝勒权力,从而集中皇权,这是眼前必须要做的事。

他的长矛首先要指向尸骨未寒的多尔衮。

这是个平静的冬夜,如同所有的紫禁城的漫漫长夜。孝庄坐在灯下读书。陪伴她多年的贴身侍女苏麻喇姑正在和她说些什么。

苏麻喇姑出生在蒙古科尔沁草原的贫苦牧民家庭。与其说她是孝庄的陪嫁侍女,还不如说,她是孝庄最忠诚的朋友。

顺治帝走了进来,带来外面的一阵寒风。他一句话也没说,坐在这里,沉默许久,这里的空气甚或窒息。

复杂的宫廷生活已使少年皇帝格外地早熟。

苏麻喇姑轻声地叫道:“皇上……”

孝庄依然在读书。她的神情专注,这定是一本好看的书。

“我必须要追罪多尔衮!”

然而,他的话既已出,他的内心却有点忐忑。

其实,他心里比谁都知道这个男人对母亲意味着什么。他也知道,如果没有多尔衮,那么自己如今,只是贝勒,或许正臣服于豪格。

能够威胁皇权的因素太多了。从某种意义上说,他的母亲也是。北魏建国后,道武帝拓跋珪为防止出现母后及外戚干政,制定了子贵母死制度,在确立储君之时将其母先行处死。明太祖朱元璋更是留下了“后宫不得干政,违者斩”的祖训。对于后妃干政,帝王向来十分忌惮,不无道理。

顺治帝的内心,突然恐惧。但是,他只能从清算多尔衮开始。所有的障碍,必须得一步步清理。现在还不是时候。

历史是鲜活的。这一日,罗马帝国克劳狄乌斯王朝最后一任皇帝尼禄,送母亲阿格里披娜走上游船。

他深情地与母亲吻别。阿格里披娜心里涌上一股幸福的感觉。

船起航,没多久,船突然侧向一边,他的母亲阿格里披娜被抛入水中。当她挣扎着游到岸边,刽子手说:“我奉国王的命令来杀死你。”

尼禄从小在母亲的管制下长大,却也像他的母亲一样,阴险多谋、贪权好势、利欲熏心。当初他母亲为了让他做皇帝,色诱老国王,成为皇后以后,又下毒手毒死老国王,让年仅17岁的尼禄当上了国王。他做皇帝时,母亲经常干涉他的自由。于是,他就指使人杀死了自己的母亲。

银镀金点翠嵌宝石双喜蝠磬纹簪（三件）

银镀金嵌珠葵花纹簪子

尼禄死时才32岁。他的残暴统治激起群愤。公元64年，他被宣判为人民公敌。

这个夜晚，真的有点冷。寝宫里的灯火，也无端地闪烁，突然黯淡下来。苏麻喇姑赶紧去拨弄灯芯，灯火颤动了几下，重新又亮了起来。

顺治帝抬起头，正好看见母亲的脸。

孝庄把书本轻轻地合上。她神情平静，说："好!"

就一个字，一个"好"字，却如同千金。他听得很清楚。他确信自己没有听错。

顺治帝只记得离开时，自己的头突然轻了许多。脚步也轻盈起来。一溜小跑，他听到夜的气息，却似有早春梅开的清香了。

这晚照常灭了灯，入寝。苏麻喇姑听到她起身，喝水，回来又睡下。也不知多久，她的鼾声轻缓地响起。天空已有点灰蒙蒙，苏麻喇姑揪着的心，也终究平静下来。

没几日，顺治帝下令，将多尔衮的罪状一一罗列，昭示天下，并开棺鞭尸，用棍子打，用鞭子抽，最后砍掉脑袋，暴尸示众后，焚骨扬灰。

与此同时，多尔衮的党羽亲信，有的被处死，有的被罢官。那些对幼主忠贞不贰、智勇双全，或对追罪摄政王多尔衮立有大功的人，则得到了顺治帝的擢用和嘉奖。少年皇帝巩固了帝位与君权，开始了他轰轰烈烈的治国宏业。

对于孝庄来说，她目前要做的，是给儿子举行一个大婚礼。新娘则是自己的侄女，福临的表妹，来自科尔沁部落博尔济吉特家族的女子。

满蒙联姻，这是巩固大清统治的基本国策。而顺治帝，哪怕内心不满，也不容违抗。

她坚持她必须坚持的。只要与大局有关。

想当初，刚刚入关，孝庄聪颖睿智，辅佐幼主安邦定国，声望极高，不少朝臣上奏请太后垂帘听政都被婉拒。

她无意参政。只是历史的枢纽因缘际会地掌握在她手里。她曾跟着皇太极经历了大风大浪，经历了清朝建国的全过程。她目睹明朝的灭亡，她也目睹努尔哈赤死后众贝勒残酷的争权。如今，她能做的，就是“保”。想当年阿巴亥保不了自身，但以死殉葬，保住了多尔衮三兄弟。孝庄要“保”的，不仅是自身，也不止是一个顺治帝，更重要的是——大清基业。

她的进退她做主

一部大清历史，其实是两个女人的舞台。前有孝庄，辅佐顺治帝与康熙帝两位幼主，后有慈禧，垂帘听政，经历了同治帝与光绪帝两个时代。一个在搭台，一个在拆台。孝庄如果有在天之灵，她看到后世的慈禧，拼命在学武则天，却学得生灵涂炭，亦是无语。

皇权是至高无上的。一旦皇权在握，女人的纤手并不为破新橙，也可以主导历史进程。大凡女性当权，总有比男性更为膨胀的政治野心与血腥。美貌是她们的通行证,如果再有点心计,便是奇谋异技,毒心辣手,慈禧太后就是这样演绎的。但也有窦太后这样的置于权力中心的女人,“操行纯备,进退以礼”,平日里退居幕后,以德训导武帝,国家危难之际,亲自命令诸将出击,保全国家。进退自主,对皇权的拿捏有度,赢得了后世的尊重。

在她的一生中,顺治帝的死,是她心中无法弥补的悲痛。因为一个董鄂妃,少年天子可以弃江山于不顾,还要闹出个要去做和尚的风波,这正是自己的痛心之处。所以,康熙帝的继位,寄托了孝庄更大的期待。

据《啸亭杂录·苏麻喇姑》记载,康熙皇帝年幼时,孝庄文皇后便选定苏麻喇姑做他的启蒙老师,玄烨“赖其训迪,手教国书”,懂得了很多人情事理,掌握了很多的治国知识。苏麻喇姑平生有些“怪癖”,比如她一年中从不洗一次澡,只有除夕那一天,用极少的水对身体进行擦洗,然后将“秽水自饮”,以示反省,这是孝庄钦定的康熙帝的启蒙老师的特别之处。

康熙八岁即位。重臣元老索尼、苏克萨哈、遏必隆、鳌拜成为辅政大臣。

康熙四年(1665),玄烨刚过十二岁生日。这一日,孝庄召索尼入宫。

索尼此时正以年事已高,体弱多病为由,在家病休。说是病休,实为以退为进。随着位居末位的鳌拜的势力日益扩大,资历最深的索尼不得不尽量避免与鳌拜发生正面冲突,静观其变。

对孝庄这次的召集入宫，索尼料想定与鳌拜有关。太皇太后绝不会容忍顺治初年摄政王多尔衮专擅朝政的局面再次出现，她要出击了。

但是，无论等会孝庄让他正面抵抗鳌拜，还是让他再忍下鳌拜，对于三朝元老索尼来说，此时亦懂得自保。他准备好的托辞就是："老夫年事已高，请太皇太后允许老臣告老还乡吧。"

待得进入宫中，孝庄正在品茗新茶。

想必是上好的龙井，新绿的嫩芽，香气氤氲，弥漫缭绕。在旁边的苏麻喇姑笑意吟吟，似有喜事要说。

孝庄招呼索尼坐下，亲自端上茶。青花瓷杯子，釉质纯净莹润，古朴温软，方是上品了。

索尼迷惑不解，孝庄直言直语。

这桩让索尼受宠若惊，也堪称大清皇室颇为成功的一桩大喜事，就此说定。

康熙四年（1665年）九月初八，遵照皇祖母孝庄太皇太后懿旨，十二岁的康熙皇帝与索尼的十三岁孙女赫舍里氏进行了盛大的婚礼。幸运的是，虽是政治联姻，结婚当夜，两人亦是"绕床弄青梅"、"羞颜尚不开"，夫妻极为恩爱。赫舍里氏皇后亦是康熙帝的贤内助。

而在四年后的清除鳌拜集团的斗争中，索尼之子喇布喇、索额图更是效忠皇上，忠勇双全，成为玄烨的得力助手。

时间如白驹过隙。转眼就是康熙二十六年(1687年)。

腊月初一那天,康熙皇帝在卯时出发,不骑马,不乘轿,步行到天坛为祖母祈福。面对上苍神灵,他口中念道:“若大数或穷,愿减臣玄烨龄,冀增太皇太后数年之寿。”听者无不为之落泪。

如同所有多寿的祖母,子孙孝顺,让她颐养天年。但是,自从前两年右侧身瘫痪以后,孝庄就一直没有恢复过来。这次更是一病不起,眼看卧床已有一个多月,病势却似越来越严重。

在玄烨心中,祖母永不会倒下。想当年,鳌拜夺权,三藩为患一方,后来又有京师大地震,太和殿火灾,爱妻赫舍里氏崩逝。当天灾与人祸接踵而至,好多次,他都以为路已经到了尽头,他再也走不下去了,是祖母帮助他度过一个个难关。这不仅是他身边最亲的人,也是他的精神支柱。

祈福过后,祖母的病情并未见好,忽而清醒,忽而言语不清。

腊月二十五。这一日,大雪纷飞,紫禁城已是银装素裹。寝宫里,不远千里送到京城的曹州牡丹突然盛开,春意融融。此花大冬日开得层层叠叠,雍容华贵,富丽堂皇,一番盛世景象。

花儿或许是有感应的吧。都说“国运昌时花运昌”,也有诗句“香透乾坤绽芳容”,说的也是。

但是,这是玄烨熬过的最漫长的夜晚。他整夜未眠,席地危坐,通宵守在祖母的病榻前。

昏睡了好几天的孝庄,此时却突然清醒过来。她无比怜爱地唤着玄烨的名字,用颤抖的手,擦去他的眼泪。

“我有一事……”

看孝庄有点欲言又止,玄烨说:“祖母,您心里还有什么牵挂?我一定照做。”

“我死后,你不要把我送回昭陵。我心里想着你和你父亲,就把我安放到孝陵附近吧。”

这是她此生给康熙帝出的最大的难题。

康熙帝终其一朝也不知如何是好。尽管这是祖母的遗言,但是葬在孝陵附近,有违祖制。哪有皇后不葬在皇帝身边的。如果不葬在孝陵,祖母的遗言,康熙帝是绝对不可以违背的。

这位被后世颂为“千古一帝”的英明君主,以他的毕生智慧,面对祖母留下的千古难题,左思右想,最终也只想了个折中的办法。也就是在遵化顺治帝的孝陵附近建一座暂安奉殿,先将祖母的灵柩停放在那里。

只是没有想到,这一停,就是37年。

后来雍正帝即位,顺势将暂安奉殿改建为陵,这事才算解决。并将其与皇太极盛京的昭陵呼应,名为“昭西陵”。

人们猜测安葬风波,更多的答案是:太后下嫁。究竟太后有无嫁给多尔衮,是否因为自己已经白璧有瑕所以无法与丈夫合葬,已经不得而知。但是,我们想,依孝庄之智慧,她一定明确知道自己要做的是什么。至于太后有无下嫁,任他人评说。

最是沧桑起风情

孝庄一生坎坷波折,留给后世一个美丽的传奇。

也许生命的神秘深邃就在这里,在生命的苦痛中,总有一些劳瘁而苦涩的幸福,它与人类的命运息息相关,值得九死一生。

人生各个阶段的存在理念,不过都是生存意志的客观化。对于孝庄来说,无论爱情、婚姻还是权力,都不是她能感受到的幸福。如果此生在场,听从良知与内心的召唤,投身其中,这种"召唤"出于"我"而又逾越"我",是"此在之可能"的整体存在的意义所在。反之,那些芸芸众生认为所当是、所能做、所操劳的东西,或者那些可由之载沉载浮的东西,留待他人解决。顾全大局,宽容大度,懂得适时在场,进退有礼,实乃孝庄的生存智慧。

这其中,世人若是学得一点,亦是受用终身。

说起来,孝庄没有妖媚蛊惑的风骨。

沧桑一生,让她越发有丰饶浑厚的余韵、洗尽铅华的沉静、大气坚韧的气度。

最是沧桑起风情。

她缔造一个帝国的神话,在自己的故事里。

我们在她的故事中,感叹一个女子的智慧。

历史很无情?不。

历史在往前走，但它把无情留了下来。

你闭上眼睛，倾听大海的声音，多少个世纪的波浪涌过，大地又绿了。

我们在此相遇 ◎ 记董鄂妃

在清宫云集的后妃中,称为“传奇”的,董鄂妃当算一个。在追寻清宫那些非同凡响的女子时,我的笔触,首先靠近的不是孝庄,不是香妃,而是董鄂妃。

说起来她只是死后追封为孝献端敬皇后,她的绝色,定格在永远的22岁。那一年,她肤若凝脂,黛眉皓齿,似芙蓉出水,气韵动人。人们无法目睹一个女人容颜衰老的朽败,就会永远记住她青春时的绝代姿容。这样的说法多少有点悲凉。但对于顺治皇帝来说,他的一生遇到过成百上千个女人,并对其中的许多产生欲望,使他真正爱上的却只有一个,那就是董鄂妃。

顺治十七年(1660年)八月十九日,一代名妃、绝代佳人董鄂妃香消玉殒,病逝于东六宫之一的承乾宫。痴情天子顺治帝悲恸欲绝,四个月后,追随她而去。这场十六世纪紫禁城里发生的惊世骇俗的生死之恋,让人喟叹。

自古帝王身边,往往佳丽三千,百媚千红,顺治皇帝独钟情于董鄂妃一人。董鄂妃的身世、她与顺治帝的旷世情缘,以及顺治帝在她死后的出家之念,给世人留下太多话题。大凡这样的女子,总是被世人深深记住吧。人们感慨她们美貌的同时,哀叹她们过早凋零,凄艳而又决绝,如同风中玫瑰,尽情绽放,透支了青春、美貌和生命,任世人,空评说。

少年天子的隐忍之剑

崇德八年(1643年)八月,盛京皇宫中发生了一件大事:太宗皇帝在端坐中突然无疾而终!经过一番兵戎相持的较量,太宗皇太极第九子福临,在叔父摄政睿亲王多尔衮辅佐下继承帝位,改元顺治,并于顺治元年(1644年)九月由沈阳进京,在紫禁城太和殿举行了登基大典,成为清朝入关后的第一位皇帝。

是月,紫禁城内,雕车竞驻于天街,宝马争驰于御路。顺治帝登上皇位,年仅六岁。据《清世祖实录》中记载,顺治帝福临出生时"红光照耀宫,闻经久不散香气弥漫数日"。福临在娘肚子里的时候,他的母亲孝庄文皇后,那时还只是庄妃,她特别喜欢穿绣金龙金凤的红缎长袍,每行走间,大大的肚子在长长的袍裾、宽宽的下摆波动不止,很有红光绕身、金龙盘旋的感觉。如此这般,似乎也只是为了说明,有的人注定生下来就是天子,权力的绝对主宰者,此乃天命。福临就是。

天命也好,人力也好,孤儿寡母,直达权力中心的道路上,依然荆棘丛生。政务纷繁,战乱四起,人们虽然有足够的耐心等待年幼的皇帝长大,但是,必须有个摄政王,必须依靠他稳定政局。

足智多谋而又独断专行的多尔衮开始完全掌控政局,他当上了皇叔父摄政王,再后来可能由于与孝庄之间有着无法说清楚的关系,直接当上了皇父摄政王。

我们可以想象,少年天子在忍气吞声的七年里,一直渴望着权力在握,长剑出鞘,剑光凛冽,寒气逼人,观者如山色沮丧,天地为之久低昂,天下为之肃然。顺治七年(1650年)十二月,多尔衮果然不负福临之愿,突然暴病,死在喀喇城,年仅39岁。

顺治八年正月,顺治帝亲政,天下名至实归。他在太和殿举行亲政大典,接受诸王群臣朝贺,并颁恩诏大赦天下。他在庆贺典礼中表现出的自尊与自信,给所有的人以深刻印象。朝鲜使臣向他们的国主报告说:“清主年今十四,而坐殿上指挥诸将,旁若无人。”这种远远超过他年龄的成熟,令使臣十分惊异。

事实上,顺治帝多年来期待的,就是亲政的这一天。但是,以顺治帝多年来在多尔衮摄政下形成的猜疑与嫉恨,使他在对待死后的多尔衮这件事上,毫无避免地效仿了明朝万历皇帝之于首辅大臣张居正。

《清史稿》记载,多尔衮死后,顺治帝一开始是追封他为“成宗懋德修道广业定功安民立政诚敬义皇帝”,追封其元妃为“义皇后”。这一举措,出其不意,不能不说是很漂亮的政治手段。

以顺治帝当时之气量,不可能有此政治智慧。想必此举是受了孝庄的点拨,暂时安抚了多尔衮的死党,又为顺治帝亲政争取了相对平静的政治环境。要知道多尔衮在突然薨逝前,已经以皇父摄政王的头衔代天行政了两年,甚至从顺治元年开始没多久他就已经是实际上的皇帝，经过多年的培育，党羽众多，盘根错节地分布在政府、军队之中，八旗在他手中就占了一大半。这种势力不是一朝一夕间能瓦解的。

世人称此举措乃孝庄之为，并赞其曰："先是忍人所不能忍，然后狠人所不能狠。"不无来由。但是，以顺治帝之少年意气，忍此一时，绝无法忍多时。

说起来，顺治皇帝与万历皇帝有许多相似之处。

万历皇帝是十岁即位，比顺治皇帝大了四岁，但啥事也不懂，一切军政大事均由张居正主持裁决。张居正当国十年，如同多尔衮，实为摄政。

《明史》称："于是帝甚惮居正。及帝渐长，心厌之。"万历帝一开始也是尊重与害怕张居正的，就像顺治帝，在多尔衮的摄政下战战兢兢，大气也不敢喘。万历帝称张居正为"元辅张先生"，但是张居正所揽之权，是万历帝的大权，小皇帝一开始懵懵懂懂巴不得有人帮自己做事，但以他的早熟和敏感，不会不曾意识到张居正威权震主的压力，也不能不想一逞早日亲操政柄的威风。

这种感觉，顺治帝感同身受。顺治帝深深理解万历帝的作为，哪怕张居正早在内阁混斗、自己政治生命岌岌不保的时候，写过一偈以表忠心，"愿以深心奉尘刹，不予自身求利益"，万历帝仍然把自己的报复之剑伸向死后的张居正，抄家，削尽其官秩，迫夺生前所赐玺书、四代诰命，以罪状示天下。家属饿死的饿死，流放的流放。世上再无张居正，一代能相之家落得如此下场。这让顺治帝大为称快。

但是以顺治帝在顺治七年(1650年)的处境来看,他这个皇帝其实势单力薄,他急需找寻一股势力来支持他,然后才谈得上清算多尔衮。

顺治八年二月,机会终于来临,多尔衮尸骨未寒,顺治帝就宣布多尔衮十大罪状。随之而来的,是抄家,罢其封爵,诛其党羽,不仅如此,据传教士卫匡国的《鞑靼战记》记载,多尔衮的坟墓被挖,抛尸荒野,鞭尸割头,身首异地。

这只能说,渴望权力的少年天子,比任何人都要渴望享受权力带来的绝对的征服欲与快感。一旦置于权力的中间,他的空间性从来没有这么大过,也从来没有更长的尺度能够衡量可以任他支配的万物苍生。当一种想法即将付诸现实,如同在地平线上升起,心灵的温度通常很低。顺治帝对多尔衮有着刻骨的仇恨,他的恨如此彻底,除了他忍声吞气的七年,还因为他要力证,顺治皇朝的真正开始。

只是,就是这样的一位少年天子,你怎能想到董鄂妃去世后,他万念俱灰,看破红尘,弃江山社稷如敝屣,执意要出家为僧,他是历史上罕见的痴情皇帝。

英雄与美人,常为传奇的角色。世人皆知的四大美人,她们都得到帝王之宠爱,只是她们都未曾得到真爱。就像唐玄宗与杨贵妃,据说唐玄宗也是深爱杨贵妃的,“一骑红尘妃子笑”,但是一场安史之乱,为了保住皇位,还是同意叛军赐杨贵妃于死。中国几千年的历史上,顺治皇帝无疑是个异端,他当然可称为真正生活过的帝王。

人类只有最情感的，始是最人生的。英雄的强力，印在美人心上，便有着美的沉醉与情的动荡，反射出异样的光彩。从这点讲，顺治帝与董鄂妃，都是传奇。

这还不是董鄂妃惊艳登场的时候。我们的叙述，必须展开那宏伟的历史篇章，解读顺治皇帝的权力意志，那么，现在，我们还得从顺治帝的博尔济吉特皇后说起。

这不是我要的女子

说起来，顺治帝的这位新娘是孝庄文皇后的侄女、顺治帝的表妹，蒙古科尔沁部卓礼克图亲王吴克善之女。吴克善是谁，他是孝庄的亲哥哥。而满蒙联姻，又是清初的基本国策。这桩婚事在顺治帝亲政的第五天确定，它的初衷，就是为了稳定政治局面。当然，这种效果是明显的。最起码，一个有了家室的皇上，更有了亲政的理由和信服力，而满蒙联姻，遵循先祖章法，必然能获得政治上的长治久安。

我们再看这桩婚姻，照理说，顺治帝与表妹一起生活，不求琴瑟相和，日子凑合着也能过。不管怎样，终归也是自己的表妹吧，哪有过不去的坎呢？

但据说这位蒙古小皇后从小娇生惯养，尖酸刻薄，常与顺治帝吵架。吵架其实没有什么内在意义，也谈不上有什么逻辑意义。它只是一种奢侈，吃饱了没事做了，像一场放纵的

银镀金嵌宝石串假珠凤纹簪

银镀金嵌珠宝花盆式簪

性冲动,去留无迹。

想当初,陈阿娇就是这样整天对汉武帝发脾气,有事无事先吵上几句,汉武帝受不了,顺治帝当然也受不了。

顺治帝在《端敬皇后行状》中言及自己先前所废之皇后,先赞其“容止足称佳丽,亦极巧慧”,小表妹看来样子是漂亮的,同时也心灵手巧,但是,“乃处心弗端且嫉甚,见容少妍者,即憎恶欲置之死。虽朕举动,靡不猜防。朕故别居,不与接见”。好看是好看,只是心眼小,猜疑,嫉恨,皇帝连见都不想见她。

种种不是,堪称废后之理由。这话或许有真实性,但是,我想,更重要的原因,倒不是表妹皇后有多少不是,而是在顺治看来,这人生实在是乏味透了,不仅乏味,而且有失自尊。皇位是母亲帮他搞来的,老婆是母亲定的,那么,一代帝王的独立尊严,以及自由意志,又在哪里?

任何与自由的渴望与接近都会唤醒青春期的焦虑与决绝。顺治帝的叛逆时代终于来临。那年他17岁。他对母亲孝庄文皇后说:“我不要小表妹了,废了她!”言下之意是,我不要包办婚姻,我是个皇帝,我自己的婚事自己来。

我们可以想象当时孝庄的心情。这位中国历史上的伟大女性,第一次面对儿子如此执拗而又顽强的抵抗。儿子大了,当然不由娘了。更何况,他已经在权力的中心占据无可撼动的至尊地位。当他把主宰与决断的欲望直指他自己的婚姻时,一辈子经历多少惊心动魄场面的孝庄,暂时遂了他的意,败下阵来。

其实，这只是孝庄的一种行事方式。能退能进。你要求废皇后，好，我们就废了皇后。小表妹博尔济吉特皇后降为静妃。

但是，孝庄家有多少的博尔济吉特氏啊。废了一个，其他的如同雨后春笋而来。转年，孝庄又从娘家接来了三位侄孙女，并将其中一位绰尔济·博尔济吉特册立为新皇后。

当小侄女皇后站在顺治帝面前，顺治帝仿佛看到了生生不息的博尔济吉特部落，人生就是这样，费尽周折，只不过兜了一个圈，又兜了一个圈。顺治帝开始绝望了。原来，无论他怎么努力，他的爱情都是别人搭好的台，他只要出席就好。

说起来，顺治帝一生共有两后、15妃，生有8个儿子。用当时在清廷的外国传教士汤若望的话来说，顺治帝是“性欲本来就是很强烈的皇帝”。汤若望记述，少年福临“和一切满洲人一个样，而肉感肉欲的性癖尤其发达”，结婚之后，“人们仍听得到他在道德方面的过失”。

这也正常，少年天子，君临天下，妃嫔如云，一晌贪欢，从某种程度上说，权力是春药，它与性欲浑然天成。只是，他拥有一切，唯独没有爱情，没有任由自己主宰的婚姻。他日趋麻木的灵魂，与情欲纠缠在一起，空洞如纸，愈发虚无。

现在，他渴望有一个女子能引领他步入一个美妙的新世界，而这个人，必须是，我想起莎士比亚的《皆大欢喜》第三幕第五场的一句话：

深爱的恋人,有谁不是一见就钟情的呢?

好了。我们花了这么多的笔墨,都只是为了说明,我们的董鄂妃,总算可以以婀娜身姿款款登场了。

你好,爱情

那么,就从他们相遇的那一刻说起。

这样的场景注定要发生在春日,有那么一点点的冲动,那么一点点的美好,那么一点点的忧伤,以及那么一点点的欲罢不能,让你无法分清这是春日阳光的潋滟,还是内心层层柔美荡开的涟漪。

这是顺治十三年(1656年)的春日,春光注定妩媚,19岁的少年天子遇见了他命中注定要相遇的女子。我们无法形容董鄂妃的18岁的容颜,所有的美艳与绝色都只是后人的想象。就如同,我们都会认为,男女相识的最初,女子若有惊艳之美,更容易让对方一见钟情。

那么,能让一代天子痴情至此的董鄂妃到底有多美呢?这其实是个谜。清代存有许多嫔妃的画像,唯独没有董鄂妃的。

更奇怪的是,顺治皇帝本人擅长绘画,尤其擅长人物速写,无论如何,给自己心爱的人画张画,让自己留个念想,也是合乎常理的事。可是,也许是经久失传,或者是其他原因,偏偏没有董鄂妃的画像流传下来。

或许她貌美如仙,顺治帝不忍与人分享她的美丽。

或许，据《李朝实录》记载，董鄂妃长得一般，不甚美。

如果真是如此，那她定有别样过人之处。就如贾宝玉初见林黛玉，“细看形容，与众各别”，宝玉从小在脂粉堆里长大，他的妹妹那么多，但是这个妹妹看起来与别的妹妹不一样：“态生两靥之愁，娇袭一身之病。泪光点点，娇喘微微。”这就是黛玉的各别之处了。

那么，董鄂妃究竟有着怎样诱人的魅力呢。

关于这一点，顺治帝在《端敬皇后行状》中曾下过“婉静”二字的按语。这“婉”字，根据《集韵》，意思是妩媚。

这是个很特别的词语，《旧唐书》中赞杨贵妃的美貌，用的是“姿色冠代”；《晋书》中赞安乐公主，用的是“有殊色”；《宋书》中写南朝宋文帝的妃嫔路惠男，直接一句“以色貌选入后宫”，倒也让后人少了几分猜想。

而用“妩媚“来定义董鄂妃的姿容，多少让我们想到了“回头一笑百媚生，六宫粉黛无颜色”的诗句。“妩媚”不是“美艳”。董鄂妃款款而来，白衣胜雪，及腰的长发披拂着氤氲的月光，婀娜妩媚，轻移莲步，风姿楚楚，似有烟霞轻笼，当真非尘世中人。

我们知道，顺治帝家的蒙古女子，纵使国色天香，多少也有飒爽英姿，甚或剽悍泼辣。至于塞外的满洲女子，刚健婀娜的很多，也很少有称得上“妩媚“的。董鄂妃容色绚烂，身姿婀娜，嫣然一笑，风情万种，一下子击中了顺治帝内心的最柔软处，那一瞬间，顺治帝的内心流淌着春天的溪流，清澈而又欢快。

有的人一生,与刹那有缘。顺治帝就是。无论如何,我们知道,顺治帝的爱情终于来了。

顺治帝当然要找孝庄。他说:“母亲,我喜欢这个女人,我要立她为妃。”

这一句话,石破天惊。

如果说以前顺治帝要废小表妹皇后,孝庄能够从谏如流,那是因为她心里是有底数的。无论如何,她们蒙古族博尔济吉特氏是经得起折腾的。但是现在,这个真的不行。孝庄甚至有点惊慌,她千言万语,一时不知如何说是好,只好嗫嚅着反复强调:“不能乱来啊。这回说啥也没用。这个女人不是你的。”

这又不是立董鄂妃为皇后,何必如此阻挠?

那么,董鄂妃是谁?

关于最初的开始与似已确定的答案

让我们走近这意欲撩开面纱却又始终是个谜团的董鄂妃。

在清代官方的记载中,对董鄂氏入宫前的身世一直讳莫如深。《清史稿·后妃传》有这样一段记述:“栋鄂氏,内大臣鄂硕女。年十八入侍,上眷之特厚,宠冠后宫。”

然而,这段文字带给我们的困惑,不亚于它所传递的信息。

其一,栋鄂氏,是否就是董鄂氏,即董鄂妃?这个答案的前提要建立在董鄂妃是否真是鄂硕的女儿。如果是，那么她是满洲正白旗下的名门淑女。董鄂是满洲的一个古老而典型的姓氏，董鄂氏，或作栋鄂氏，“董”是满语译音，“董”又作“栋”，“董鄂”又作“栋鄂”、“东果”，不一而足。

名门淑女，这个身世似乎太过正范，总觉得似乎缺少了点什么，似乎就是那妖娆的气息，还有大风扬起，突然掠过沙丘的那种纷繁与迷离。

后人不满足于将这样一个庸常的出身冠之于传奇的董鄂妃。于是，流传最多的是，董鄂妃就是秦淮名妓董小宛。

你想想看，一个被帝王称之为“妩媚”的女子，若不是有江南灵秀山水的滋养，又怎能风姿绰约，勾人心魄？更何况，董小宛与董鄂妃，既然都姓董，两个人又都是倾国倾城的绝色佳人，并不是风马牛不相干。

在《清宫演义》、《清宫十三朝》中，都有这样的传闻。《清朝野史大观》中，更是有详尽记载：董妃即冒辟疆之妾，秦淮名妓董小宛，于明弘光末年，被掠到北京，入宫后，赐姓董鄂氏，专宠于皇帝。此段说法未见正史。

我们知道历史上董小宛是确有其人的，生于明朝天启四年(1624)，她同柳如是、陈圆圆等并称为“秦淮八艳”，后来，位居“江南四大公子”之一的冒辟疆以三千两银子替董小宛赎身，董小宛就此嫁于冒辟疆为妾。清军南下，战乱纷纷，董小宛四处逃亡，颠沛流离，1651年去世，年仅28岁。当时，文人墨客纷纷写诗词以悼之，应该说，她死亡的时间是没有异议的。

那么,董小宛是否如野史所说的掠到宫中为顺治帝所宠,我们寻找另一个切入点,那就是年龄。1651年,即顺治八年,少年天子才14岁,董小宛已经28岁,而且离开了人世。因此董小宛即董鄂氏之说是不成立的。

其二,“年十八入侍,上眷之特厚,宠冠后宫。”根据清朝秀女遴选的制度,超过16岁便称“逾岁”,这些秀女的年龄限制是13岁到16岁。从董鄂妃的入宫年龄来看,年已18,应该不是通过正常的渠道进入皇宫的。于是,这个“年十八入侍”引发人无数的遐想。

最常见的说法是《汤若望传》中的一段回忆,说的是顺治皇帝对于一位满籍军人之夫人,起了一种火热爱恋。当这一位军人因此申斥他的夫人时,他竟被对于他这申诉有所闻知的天子亲手打了一个极怪异的耳掴。这位军人于是乃怨愤致死,或许竟是自杀而死。皇帝遂将这位军人的未亡人收入宫中,封为贵妃。

这世界是小的。我们寻找蛛丝马迹,似乎还能找到些许信息。关于这位满籍军人,更多的可能就是顺治的弟弟襄亲王。襄亲王是清太宗皇太极的十一子,经常出征沙场,如果董鄂妃是爱他的,那么,他定然会像《伟大的齐诺比亚》一剧中德西斯对齐诺比亚所说的:

天啊!你是爱我的吗?

那我宁愿放弃千万场胜仗,

我马上回来……

事实是，董鄂妃真心地爱上了他的皇兄。这种机缘，也源于清初所设的命妇轮番入侍后妃的制度，按照这个规定，王爷们的福晋要进宫入侍。由此，董鄂妃得以遇见顺治，于是有了最初的相识，以及随之而来的“火热爱恋”。

我们刚才说过，顺治去找孝庄想要册立董鄂氏为妃，孝庄头都大了。怎么这么乱来呢。这可是你自己兄弟的老婆。

我们注意到历史上有这样一个细节，孝庄皇太后在顺治十一年(1654年)四月初五颁布了懿命，以“严上下之体，杜绝嫌疑”为由，停止实施这个命妇入侍制度。

再说襄亲王。世上哪有不透风的墙呢？襄亲王听到传闻，披星戴月，连夜快马奔回家，对着自己的老婆董鄂妃就一阵骂。顺治帝得到密报，说襄亲王回来要申斥他的夫人，连忙奔赴他家，正好目睹此番情景，当即一个巴掌掴在了襄亲王脸上。

都说兄弟如手足，女人如衣裳，可怜堂堂襄亲王，他无法想通他的皇兄顺治帝居然情愿割了手足，也不愿换了这件衣裳。

这是不可思议的一巴掌。屈辱、绝望，顷刻导致这个年仅16岁的皇十一子于死地。

有关顺治帝的这点家事，《清史稿》记载：“秋七月丁未朔，享太庙。戊申，官军败明桂王将龙韬于广西，战之。乙酉，和硕襄亲王博穆博果尔薨。”

顺治朝实录也的确留下了耐人寻味的文字：襄亲王博穆

博果尔在顺治十三年七月初三去世，七月初九“礼部择吉于八月十九日册妃，上以和硕襄亲王薨逝，不忍举行……”。似乎急不可耐地想要将董鄂妃收入宫中册立为妃，又终究内疚。

难以摆脱的负罪感与情投意合的愉悦纠缠在一起，实在矛盾。

事已至此，孝庄也只能长叹一声，遂了他的愿吧。

以柔韧之力步入他时代

曹雪芹说写《红楼梦》，是在“伤怀日，寂寥时，试遣愚衷”，这部旷世巨作就此留下。

有谁能说，邂逅一场真爱，它的意义对于自己的人生，不啻写下一部传世之作？

我们再回到那似乎是荣耀却又忧伤痛苦交集的一日。

那是顺治十三年八月，鸾凤翔集，丝篁鼎沸，夜深遥闻笙竽之声，宛若云外。董鄂妃册立为贤妃，她一身玄衣，凝眉处，自有万种风情。

想当初，她以襄亲王福晋董鄂氏的身份入宫侍奉。一年后，19岁的她走入宫中，丈夫已经去世，自己却已贵为妃子。

人生的变数如此难以名状，作为一个被权势男人爱着的女子，她又如何能够左右这种事态的发展？

“还君明珠双泪垂，恨不相逢未嫁时”。这样的女子，最起码都能保全自己的名分，苟且眼前的岁月静好，把痛苦留存心底吧。她何尝不想如此。

但是，现在她被他爱的人引领到了舞台的中间，那一刻，灯光亮起，所有的目光都聚焦在她娇弱的身上。你可以读到那些人脸上的复杂表情，质疑、不满、妒忌，还有无奈。

这注定不是充满欲望与野心的生活。一切与她无关。

她只是深爱着这个男人，因他而走到这一步，但这其中，处处设局，阴谋与嫉恨交织，这不是她要的生活。

至于此时的顺治皇帝，没有什么能抑制他终于能够与她厮守的满心欢喜。

当一个人历尽恩仇爱怨，重新为一个人守身如玉，他似乎下定决心，要给这个生命中最心爱的女子以所有他能给的礼遇。

册妃后没几天，董鄂妃晋封为皇贵妃，地位仅次于皇后。

四个月后，十二月初六，顺治帝举行隆重的皇贵妃册封礼，并且大赦天下，诏书中称："赞理得人，群情悦豫"。

这份册立董鄂妃为皇贵妃的《诏书》，如今保存在中国第一历史档案馆中。按常规，皇帝只有在册立皇后的大礼上，才会颁布诏书公告天下，也不会因册立皇贵妃而大赦天下。董鄂妃享受到这种特殊礼遇，堪称大清王朝三百年历史上绝无仅有。

他对她如此深情，可谓"长信宫中，三千第一"、"昭阳殿里，八百无双"，真是六宫无色、专宠一身。

他看着她，什么也不说，什么也不想，无限的爱从他的心灵深处涌出。

他屏住呼吸，灵魂深处，飘来一朵洁白的莲，清香四溢。

他的情感如此炽热，所有的过往都是浮云，他像一个经历初恋的男孩，站在心爱的女人面前，纯粹、真挚，充满欢喜。

当然，在他面前，纵使有几多伤心，她的心情也会变得柔软，生出许多旖旎的情绪。

但这些，都仅仅是这场爱情的必要条件。与沉重繁复的生活相比，爱情不是所有，却不能不有。一旦走进婚姻的内核，所有的你情我愿、你侬我侬、风花雪月，都只是夏日大地上点点绽放的不知名的小花，而不能成为大地本身。

婚姻幸福的前提，后世的哲人告诉我们许多。

在叔本华看来，大凡恋爱结婚，结局都是不幸的，反倒是那种由双方家长安排，以实利为目的的所谓“便利婚姻”，往往比爱情的结合幸福些；而男女能够因为爱情和现实的结合，携手并进，步入婚姻，这便是一种罕有的幸运。

我们想，如果顺治帝与董鄂妃的婚姻，是由孝庄钦定，情况可能完全不同。顺治帝不会如此孤独地奋战，挑战皇太后的绝对权威，而董鄂妃也不会四面受敌，在嫉恨与冷眼中，与顺治帝辛苦的继续这场不被祝福的婚姻，并努力使这桩恋爱结婚成为“罕有的幸运”。

毕竟，董鄂妃的身份，以及顺治帝的宠爱之名，使她一入宫就陷入一个弱势两难的境地。

在别人看来，她一女侍二夫，竟得皇帝宠爱，实在是不合逻辑之事。她出身满洲世家，这让极力主张满蒙联姻，为维护和巩固博尔济吉特氏在清廷后宫中的尊崇地位而殚精竭虑的孝庄太后尴尬与头痛不已。再说,她几个月时间直抵皇贵妃,仅在皇后之下,这让六宫粉黛情何以堪。

而另一方面,顺治帝的爱已经成为董鄂妃生命中不能承受之重,她品尝着爱情这杯芳香四溢的酒中之酒,却又不得不生活在弥漫着妒忌与钩心斗角的后宫,四处受敌,心力交瘁。

她手中无剑,心中更无剑,以柔韧之力,小心维系她与顺治帝的爱情。殊不知,这一切如同这场爱情,唯美而凄婉。那么多人在围观,等着出击,等着破碎。

她的内心,肯定是很疲惫不堪吧。

她的心境,是幽深的夜色,载着伤痕,放逐在沉沉暮霭中。

她不知道,她的幸与不幸,都刚刚开始。

但是,这一切,都无力阻挡她,赴汤蹈火般投入这场旷世之恋中。

爱有多销魂

一场爱情中,性爱有着不可或缺的位置,有时,它甚至就是这个世界真正的世袭君主,驾驭着爱情,藐视一切。对于自由的心灵而言,灵与肉的结合,才是生命的馈赠。这是一种天真与自由,当然也是,未来时光能够给予现在的,深深的感激。

“与有情人,做快乐事,管它是劫是缘”。谁说不是呢?

与自己深爱的女人在一起,周围突然安静下来,那绕指柔间的一缕沉香，无穴不入地弥漫在精神与肉体的内核中，无从自拔，无力阻挡。那一刻，他忘了自己是谁，只知道，在她面前，他能成为她的谁。

快感像一阵忧伤一样，穿透彼此带电的肉体。

他的内心无比简单与纯净，年少时的那些猜疑与争斗，以及随之而来的愿望、欺骗、遗忘、享受、毁灭、短暂，都已微不足道。拥有她，哪怕万劫不复，人生已经足够。

男女之间如果仅凭一见钟情，感情的维系是苍白的。长久的婚姻，需要一个女子有才、情、趣，还应有通达明理的大气。如此，才值得他珍惜。

我们来看董鄂妃。她天资聪慧，饱读《四书》及《易》，专心研习禅学，精通书法，才情四溢。

她先前不曾信奉佛教，后来因顺治帝之喜好而喜好，听他阐释《心经》，虔心向佛。

在生活中，她亲自安排顺治帝的饮食，体贴入微，让我们想到一句话：青春貌美有啥用，在一碗粥面前都是浮云。

她衣着朴素，从不佩玉鸣銮，连簪子耳饰，用的也是骨头兽角，这种美洗净铅华。

他"偶免视朝"，她则谏"愿陛下毋以倦勤罢"，唯恐落下"君王从此不上朝"的指责，顺治皇帝再不敢怠慢国事。

他让她一同阅奏折时，陪坐在一边的她则起身谢道"岂敢以女子干国政"。甚而，她担心父亲会依仗皇贵妃父亲的身份在外面招摇生事，父亲去世后，她的"今已亡，妾衷愈安"

的理智，甚至不近人情。

佛经中云：由爱故生忧，由爱故生怖，若离于爱者，无忧亦无怖。为了他，她对自己的言行慎之又慎，她的神经总是绷得很紧，她以为她苦心做到的能缓释人们对她的嫉恨。可是，并非如此。

这不是她所能做到的。

在与强力的抗衡以及内心的煎熬与挣扎中，爱情总是遗世独立，孤独地寻找它的安身之所。“死生契阔，与子相悦；执子之手，与子偕老”，在充满政治斗争的后宫，这只是个天真的梦想。

顺治十四年(1657年)十月初七，董鄂妃生下皇子，这是她与顺治帝爱情的结晶。顺治帝掩饰不住内心的喜悦，将这位排行第四的皇子称为“朕第一子”，并欲立其为皇太子。我们可想而知孝庄的不满。没过几天，孝庄便以自己身体欠安为由，传下口谕令董鄂妃前往南苑伺候她。十一月四日，刚刚生产还未满月的董鄂妃拖着产后虚弱的身体赶到南苑，在太后榻前不辞辛劳，日夜侍奉，她的健康受到严重影响。

可惜，福薄命舛的皇四子只活了短短的104天，就突然夭折，对于一个母亲来说，这更是毁灭性的打击。

可叹一代君王，也不能保护自己心爱的人。

顺治帝后来封百日婴儿为荣亲王，并为这个婴儿建造了一座园寝，但这些都不足以安慰一个母亲的丧子之痛。顺治十七年八月十九日，抱病三年的董鄂妃病逝于承乾宫，年仅

22岁。

这也是一种欢喜

让我们再追溯到这一刻，董鄂妃死时，“端坐呼佛号，嘘气而化”，平静离世。安宁、从容，像平时一样。她依然绝色，倾国倾城。她来世上，只为与他相遇。“一口气不来，向何处安身立命？”她的一缕香魂，又有谁与共，蝶越沧海，舞蹁跹？

困倦得无法再困倦。她再也无力。

她只能放下生命中所有的重负，告别自己深深眷恋的爱人。这是她生命中最为明净的秋天，恬静、从容、澄澈、简单。她终于可以停下自己的脚步，回望那个美丽的春日，他们相识的最初。那时，她年少，他未老。

她闭上了眼睛。她不忍看到他的伤悲。

抱病三年，“容瘁身癯”，她知道自己面容憔悴，弱柳扶风，病态恹恹，但是，只要她能活着，哪怕一息尚存，放下天地，他都愿意。这份爱，刻骨铭心，纯净至绝，与美貌无关，与情欲无关。

或许，一开始也是为了情欲。情欲也只是为了抵达她的内心。

但现在，谁能说温柔的怜惜，不是更深的爱？

董鄂妃的离世，对于顺治帝来说，无疑也是毁灭性的打击。汤若望回忆，“皇帝陡为哀痛所致，竟敢寻死觅活，不顾一切”。孝庄皇太后不得不派人昼夜看守,使他不得自杀。但是,少年天子很快冷静下来,并以超常规格的丧礼,表达对董鄂妃的哀悼。

他先是追封董鄂妃为“孝献庄和至德宣仁温惠端敬皇后”,让她极尽哀荣。他亲自动笔,为她撰写《端敬皇后行状》,行文朴素真挚,让她的洁品贤德、嘉言懿行,留存青史。他在户部资金极为短缺的情况下,在景山建水陆道场,大办丧事。他欲将太监、宫女30名悉行赐死,“免得皇妃在其他世界中缺乏服侍者”,后被劝阻。他命举国服丧,大臣一月,百姓三天,从满洲入关后,朝廷还没有举行过如此隆重的葬礼。

然而,如此种种,都无法释缓他内心无尽的哀思。

顺治十七年(1660 年),在办完董鄂妃的丧事以后,顺治皇帝请茚溪和尚为自己剃度。孝庄心急如焚,请茚溪和尚的师父玉林琇火速进京劝阻此事。玉林琇一面于十月十五日赴皇城西苑万善殿劝阻顺治帝出家为僧,一面聚集徒众,声言茚溪和尚如果为顺治皇帝剃度,就要烧死茚溪和尚。百般劝阻之下,顺治帝只得打消出家念头。

第二年正月初七日,顺治皇帝万念俱灰,疲病交加,因天花崩于养心殿,时年24岁。此时距董鄂妃去世,仅仅四个月。

后世传闻顺治帝并没有死,而是上五台山做僧人了。传闻而已,未见正史。

黄仁宇在《中国大历史》中,这样描述顺治帝:顺治帝宗教思想浓厚,他既受耶稣会教士汤若望的影响,也对佛教极

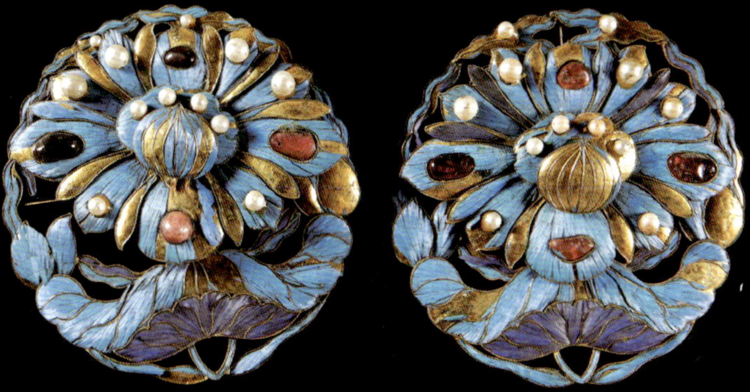

银镀金荷叶纹簪（一对）

银镀金点翠嵌珠石凤

感兴趣。史载，顺治帝曾取法名“行痴”、法号“痴道人”，僧人玉林通琇曾赞其为：“佛心天子。”他是清朝历史上最为崇奉佛教的皇帝。

身为王子的释迦牟尼在29岁时，感到了无聊。他对酒、财富、王国、女人都感到无聊，他把一切都看透了，创建了佛教。

顺治帝曾励精图治，意欲安邦定国，但在董鄂妃死后，他所有权力意志都已消散，只求剃度，遁入佛门。

想人间婆娑，全无着落。看万般红紫，过眼成灰。

所谓的“不俗即仙骨，多情乃佛心”，说的也便是如此吧。

只是，阳光明媚，岁月静好，我就在这里，你又怎么可以不在场？

他忆起她细碎而又柔和的气息，可以长眠其中的她的发丝里的清香，那凝眸时的怦然心动，那温婉如水的柔情，每每醒来，泪水打湿了枕头。他半夜起笔，书写了一首《春梦》，赠给远在江南的禅师：

“洞房昨夜春风起，遥忆美人湘江水。枕上片时春梦中，行尽江南数千里。”

对顺治帝来说，“江南”是他遥不可及的梦想，是寄托情思的地方。江南的诗意、柔美，一如他的董鄂妃。他人生中紧紧眷恋的那部分都是与她在一起，如今她已离开，他的心，又能安放到何处？

或许，每个中国文人心中，都有一个属于自己内心的“江南”梦吧。想那一代帝王，也只有在这个辽阔而又绵远的文学意象中,“行尽江南数千里”,安放他的不尽情思,让人悲叹。

如果他不是帝王,她也出身寻常人家,一间小屋、半壶清茶、几本书籍,琴瑟相和,心灵相通,执子之手,相伴一生。最好的人生,莫过于此。最好的爱情,也就如此。

一个宠冠后宫却红颜薄命,一个弃江山社稷而生死相随。

天地如逆旅,过客匆匆。我奔赴这千年的邀约而来,只为途中与你相见,这就是欢喜。

华美的冒险◎记乌拉那拉氏

壹

灯笼易碎。

恩宠难回。

贰

该怎么说她?

她是乾隆皇帝弘历的第二个皇后,也是清代唯一没有谥号的皇后。

她曾母仪天下,后来却被“打入冷宫”。

她死后,丧礼降格,不葬入帝陵,也不单建皇后陵。一副棺椁,寄人篱下,附葬于纯惠皇贵妃园寝中。实属死无葬身之地。

甚至许多年后,有个叫金从善的书生满怀不平,上书乾隆帝谈到立后之事,乾隆帝依然怒不可遏,将其斩立决。

这其中,究竟发生了什么?

《清史稿》中,关于乌拉那拉氏的这段人生际遇,只有短短的几句:

“(乾隆)三十年,从上南巡,至杭州,忤上旨,后剪发,上益不怿。令后先还京师。三十一年七月甲午,崩。上方幸木兰,命丧仪视皇贵妃。”

叁

冬日的阳光透过薄薄的窗纸照了进来。热水刚刚好，正好没过双乳。水温也恰好，比阳光暖一点。她看着自己的身体，皮肤已经松弛，乳房下坠，在氤氲的水汽中，弥漫着疲惫与浑浊的气息。

可是，曾经，她也那样，有着牛奶般光泽、缎子般质感的肌肤。清亮的水流滑过身体，滑过饱满坚挺的乳房，乳头像两粒小颗的樱桃，小巧鲜嫩，顶着几颗水珠，闪着光亮。这样的年轻真好看。

那是乾隆二年(1737年)，她从侧福晋册为“娴妃”，时年20岁。她的头发，细密黑亮。她的胴体，光滑、晶莹，几乎毫无瑕疵，包裹在一袭透明的白纱裙中，柔美的线条，勾勒得一清二楚。

那个夜晚，花蕊初放，暗香浮动。

她的身体，柔软、温润而又焦渴，如同花丛点点，铺开欲望之路。

她记得那夜他狂风骤雨般的激情。他的进入，如同一把匕首，坚决、有力，刻骨。他要撕毁些什么，花瓣散落一地，只有情欲挺进的痕迹。他又在重建，在她的身体上，试图寻找一个故园。激情如同决堤的江河，喷涌而来。他以这样的方式，简洁、率直、真诚地告诉她：你是我需要的女人。

此后，许多个夜晚，孤灯下，妆镜前，她描黛眉，点绛唇，都只为所有的记忆,其实不过是那一夜。

镜中的妆容总是会静静地淡去。

她起身,更衣,看着灰蒙蒙的天,宫殿像一个巨大的阴影,清冷、落寞,她依然孤身一人。

每夜,都是如此。

每次,都是如此。

她怎么也想不到,她的好运气突然就来了。

乾隆十三年(1748年)三月十一日,乾隆皇帝的富察氏皇后突然病逝。依皇太后之意,七月,乌拉那拉氏被晋封为皇贵妃,代行皇后职务,管理后宫事务,摄六宫事。乾隆十五年八月初二,她被册立为皇后。那年,她33岁。

乾隆十七年四月,她生下了皇十二子永璂。第二年生下了皇五女。乾隆二十年,又生下了皇十三子永璟。

这种感觉,如同你走在暗夜里,夜色厚重,甚而窒息,突然,云开雾散,月色清朗。这是上天何等的眷顾啊。

一晃这么多年过去了。这是乾隆三十年的正月,她陪乾隆皇帝第四次南巡。

江南的冬日,毕竟与京城不同。京城的冬日,干燥、严寒。而江南是湿冷。那种冷,冷入肺腑。

如同她此刻看到自己48岁的身体。时光的痕迹一览无余。有如枯黄的落叶,战栗着,落到大地。这是怎样的绝望。

已记不得何时开始,时间的隐喻会如此清晰地写在身体上。

门外经行处,传来细语笑声,娇喘连连,她的内心似被什么击中，跌入更深的绝望中。

肆

乾隆一朝，皇帝有六次南巡。

乾隆皇帝在《御制南巡记》中说："予临御五十年，举凡二大事，一曰西师，二曰南巡。"

他远征新疆，一举拓土二万余里，大清帝国，气派恢宏，威震遐迩。

南巡则是，"凡驻跸之所，皆建锦亭，联以画廊，架以灯彩，结以绮罗，备极壮丽"。这是何等的场面，这也是帝国政治腐败的开始。

乾隆帝无疑是玩兴最足的帝王。短短33年，六次南巡，排场一次比一次大，耗费一次比一次多，大清国库银根短缺，国家元气大伤。

"六度南巡止，他年梦寐游"。第六次南巡结束，那年，他74岁，已是古稀之年。

世人好奇乾隆帝为何痴恋于江南，民间甚至流传乾隆帝乃海宁陈氏之子。这一问题看似荒谬，但它牵扯到清代影响最大的"悬案"之一——乾隆帝身世之谜。对此，乾隆帝的解释是："海宁往何为？欲观海塘形。"也就是说他南巡到海宁，只是为了视察耗费巨资修筑的钱塘江海塘工程，别无他意，大家不必多想。

可是，想那江南本是花柳繁华地，温柔富贵乡。用明朝皇帝朱元璋的话来说是："佳山佳水佳风佳月，千秋佳地；痴声痴色痴梦痴情，几辈痴人。"六次南巡为哪般？倒也暗合了某些难以言喻的东西。

伍

秦淮河的夜晚，纵横着的画舫，悠扬着的笛韵，雾霭蒙蒙。水面灯火氤氲，似是六朝金粉所凝的迷离。一轮将圆未圆的明月，照得满湖，水波袅娜。波光皓月，画舫深歌。鬓影衣香，曼妙娇柔。有人意欲笙歌彻夜，满眼风尘色，逞一时放纵之乐。这个夜晚，与他南巡时的许多夜晚一样，涤荡着脂粉的香气与声色的迷乱。

夜深人静，她听到自己的悲叹。

这次南巡，经过济南。对他来说，济南是一座伤心之城。17年前孝贤皇后富察氏就是在济南一病不起，后死于德州的。这一次，他为富察氏写了一首情真意切的追思之诗：

"济南四度不入城，恐防一入百悲生。春三月昔分偏剧，十七年过恨未平。"

对于随行的妃嫔们来说，似乎终于可以放下心来，乌拉那拉氏，她只不过是"统摄六宫"。事实上，在皇帝心中，17年了，她还是代替不了富察氏。

《金瓶梅》中，潘金莲说，哪有一只碗里放了两把羹匙还会不冲撞的呢。

乌拉那拉氏以为自己也能走进他的内心。现在她明白，或许他对她只是内疚，内疚而已，这又怎么能是爱？

她记得自己被册封为皇贵妃那年，他也写了一首诗。其中有句："六宫从此添新庆，翻惹无端意惘然。"怕人看不懂，又自注道："遵皇太后懿旨册封摄六宫事皇贵妃礼既成，回忆往事，辄益惘然。"

许多事情放在心里即可，他不仅写出来，而且昭告天下，路人尽知。实在难堪。

用一生去爱一个男人，却无法敌得过一个死去多年的女子。

陆

紧跟着肉体的衰竭，就是灵魂的枯萎。

激情真是一种奇怪的东西，它能唤醒女人心中的爱，同时也能浇灭男人心中的幻想。

今晚，她知道，在画舫里，陪着他的，必然是哪位有着魅惑娇美神情的江南名妓。黎明的时候，他必然会回来。那时，皇太后还在鼾声中入睡。有一个凌晨，他的脚步轻轻地，停留在她的门口。那一刻，她几乎以为他要进来了，她的心一柔，万般的哀怨似乎突然消失殆尽。可是，他的脚步声渐渐远去，他推开的是那边魏佳氏的房门。

魏佳氏是近来较为得宠的妃子，她年轻貌美，深受乾隆帝喜欢。可是,许多年前,乌拉那拉氏不也是如此吗?她也年轻过。也等不及衰老来临,爱早已不在。在三宫六院中,妃嫔们的得宠,不都是如此吗?

她想起了富察氏。都说男人和男人之间可以漫不经心地相处着,女人则似乎生来就彼此互相敌视。那时,她已是娴贵妃。她留心地观察着皇后。

那天是乾隆帝的生日。富察氏拿出她自己亲手制作的鹿尾毛缘边制成的一个浅灰色的荷包。荷包有着细密的针线,朴素,简洁。在那么多稀世珍宝面前,这礼物是那么的不显眼,寒碜,简直难以置信。

富察氏呈上礼物。

乌拉那拉氏第一次看到了乾隆帝的这种神情。她从来不曾见过的。

其实,也没什么。

他静静地看了富察氏一眼。

世界就此静寂。

似乎只剩下他们两个人。

他轻轻地拿起荷包,带在身边。此后一直带在身边。其他所有的礼物,都是多余的。

富察氏终究是最懂乾隆帝的。她知道乾隆帝想要的是什么。

只是,这么多年,乌拉那拉氏都不能明白,富察氏为何在跟随乾隆帝东巡,突然去世。那年,富察氏才37岁。

柒

孝贤皇后,富察氏,出身名门宦家,美貌端淑。雍正五年(1727年),雍正皇帝以独有的犀利目光,为皇四子弘历选择了这位具备成为大清一代贤后素质的女子。

这样的婚姻有一定的冒险性。让一个一生写过四万多首诗的帝王与被父亲指定的女子成婚,婚后他们感情笃挚,实属难得。

但是,他的婚姻轨迹清晰而又坚决。他得到了他需要的爱人。富察氏,也回报给他所有她能做到的通情达理。

乾隆十三年(1748年)二月初四,乾隆带着皇太后和孝贤皇后到山东曲阜一带巡游。三月十一日,沿水路回京时,孝贤皇后突然病死于船上。《乾隆起居注》载:"乙未,驾至德州登舟。先数日,皇后偶感寒疾,至是日疾甚……夜半亥刻崩逝"。

孝贤皇后二月二十九日登上泰山,三月初四日还游览了济南的趵突泉,怎么会突然病死而毫无征兆呢?哪怕是在济南"偶感寒疾",猝死依然疑团重重。

《中国历史大事编年》第五卷,清近代部分载:

"皇后富察氏投水死。十一日夜,乾隆帝东巡回驻德州,于舟中宴饮淫乐。皇后富察氏激切进谏,乾隆帝加以诟谇。后羞忿,投水死。皇太后得闻临视,悲恸良久。"

深情是担不起的重担。

平静地接受屈辱,是生活中最为赤裸的谎言。

其中的况味,谁能明白。

捌

乌拉那拉氏开始相信孝贤皇后投水而死的。那一跳,一了百了。

南巡以来,她似乎突然明白,没有什么能比水的柔波,更能安慰一个女人面对突然的打击所带来的内心的痛苦。也没有什么,比身为皇后,面对皇帝荒淫的行为,更为羞辱。

死后对她的思念何用?自私点,都只不过让自己内心有个念想之处。

现在,对于乌拉那拉氏来说,她也似乎正在面临当年孝贤皇后一样的选择。

漠视是爱在流失,还能听到水流的声音。羞辱,则是毁灭,不留余地,片甲不存。

她想过自己荒弃的时光。

为什么要用失去去衡量爱情?

他们也曾肌肤相亲,金风玉露一相逢,便胜却人间无数。但终究,如他所写的,"岂必新琴终不及,究输旧剑久相投"。

现在,年老色衰,厌倦之神势必降临。

哪怕贵为皇后,在皇帝面前,不过是地位稍高的奴婢而已。历代帝王,又有几个能恪守自己爱情的呢?

嘉靖皇帝据说也爱陈皇后,却因为陈皇后劝他不要与宫女淫乐,他临门一脚,不偏不倚正好踢在已怀有身孕的陈皇后的腹部,胎儿当即流产,年仅22岁的陈皇后含恨而死。

人类的本性驱动着人们不断地去追求极乐,而理性却要求把幸福建立于尊严的条件之上。

至于尊严,丧失了它的庇护所,人面临的最直接的威胁就是崩溃。

玖

所有的爆发,都只是长期的积愤。

那天早上,他们在杭州风景秀丽的“蕉石鸣琴”进早膳。燕窝、清蒸鸭子煳猪肉攒盘一品、孙泥额芬白糕一品、蜂糕一品、竹节卷小馒首一品、银葵花盒小菜一品、银碟小菜四品、大菜烫膳一品。那是“江春徽菜接驾宴”,堪称膳食之精华。那天早膳,皇帝还赏赐给乌拉那拉氏许多膳品。

一切看似好好的,却已是山雨欲来。

早膳后,皇帝就出去寻欢了。

“我们必须忍耐和克制”。

这已很难。

那天的事情其实很简单。对于乾隆帝来说,只不过是换上便服,登上一艘大船。船楼上有丝竹之声,浓妆妓女曼声而歌，正可谓寻芳选胜，折翠簪红，万花争出，千娇百媚。乾隆帝左拥右抱，饮酒调笑，快乐异常。突然皇后差两名太监及侍卫十几人前来要求皇帝回到行宫。乾隆帝压制着怒火离船登岸回到行宫，见到乌拉那拉氏，如同所有平常的夫妻，一场吵架在所难免。

事情到这一步，并不是不可收拾。只是，谁也想不到，乌拉那拉氏突然拿出剪刀，把自己的头发剪了下来。

拾

这是骇人的一幕。所有人都目瞪口呆。

一代国母，成了无发之人。岂不是“无法”之人？

柔弱的外表，毁灭的激情。

爱之不存，留“三千烦恼丝”做什么呢？

皇后的行为无疑大大触怒了皇帝。

乾隆帝当晚派额驸福隆安把皇后由水路送回京师。乾隆帝南巡回京后，她被打入冷宫。

一年后，她静静地死去。身边，只有两名宫女。

每个女人心中，都有你无法侵犯的底线。

这是华美的冒险。

身为六宫之首，冒犯一代帝王。它的结局势必惨烈。

这是必然的冒险。

无法拒绝的开始。无法抗拒的结束。

香妃的香◎记香妃

银镀金点翠嵌珠石凤

银镀金点翠嵌珠石凤（一对）

艳寒宜雨露，香冷隔尘埃。

——唐·朱庆馀

壹

乾隆二十五年(1760年)二月，香妃入宫，那年她27岁。这个年龄对于进入宫廷的秀女来说，确实已不年轻。在此之前，她经历过怎样的婚姻或爱情，已经不重要。她本来就是奇异的女子，我们无法按照人生常规的轨迹去解释她。

乾隆帝与香妃的第一次见面，是在二月初四。这一天，乍寒还暖，已有几分春意。紫禁城里，紫蓝与碎金的晨。迷宫般的宫殿，总有莫名的悒郁与躁动。这场景却也是出乎意料的美妙。绿叶间滴落的露珠，梅静静的绽放。她只是一个影影绰绰的亮相，一缕香味就已击中了乾隆帝的心。

人们常会不知不觉为某种独特或者熟悉的气味吸引。这是一种只能意会而不可言传的奇特感受。就如，在秋天，桂花的甜香，情欲纷至沓来，甜蜜的灼热，让人沉溺。

乾隆皇帝无疑是喜欢香妃的。后宫佳丽三千，大多也不过是貌美如花。她终归不同。她身上似有特别的软香，却又清冽无比，让人欲仙欲死，又欲罢不能。这种气息，无法逃逸，满足了所有迷情的格局。在那隐约的香味中，——一种带电般的昏眩——这种幻象澄澈透明却又柔波漫溢——不要弄明白，哪怕是清醒的，依然在梦中。

没有什么能替代身体说话。唯有身体本身。

贰

我必须说明的是，据《清史稿》和《清皇室四谱》记载，乾隆帝的42位后妃中，并无一人是香妃。但确有一位来自西域回部，不过她的封号是“容妃”。至于她是否遍体生香，根本无从考证。容妃出生在西域和卓氏家族，又名伊帕尔罕。她的叔父和哥哥曾因配合清军平定新疆大、小和卓叛乱，作为有功之臣晋封辅国公。她是被哥哥作为“礼物”护送入宫献给皇帝的。乾隆五十三年(1788年)她去世，享年55岁。

一般公认的观点，香妃就是文献记载的容妃。

这似乎让人失落。她了无踪迹而又清晰可见，行迹鲜明而又无迹可循。大凡游移于神话与现实之间的奇异女子，总以“蒹葭苍苍，白露为霜。有位佳人，在水一方”的“隔”与“远方”，唤起我们身上所有的恋慕。我想念你，我的灵魂已经附着在我的唇边，你却无可寻觅。就是如此。

乾隆皇帝的目光却早已穿过她的妩媚的身体。他在紫禁城武英殿专为她建造了一座充满异域风情的浴室，名叫浴德堂。每次熏沐，她在家乡沙枣花浸泡过的水中，露出皓如白雪的肌肤，海藻般的长发散在水面，一双像天上星星那么亮的眼睛凝望过来，娇艳之色，难描难画。她起身，湿漉漉的酮体，花瓣沾在身体上……她身上的脉脉奇香，像她家乡那一朵朵小小的、鹅黄色的沙枣花，簇拥着银灰色的树叶，缕缕飘香，一漾一垂，晃得人心襟荡漾……

犹如第一次陶醉于情爱的馥郁中，澎湃的激情，深切的渴望，混淆了诗意与现实、真实与浪漫，乾隆皇帝感受到一种前所未有的爱情。他必须去寻求，在无限中体会情爱——这份融化的美妙。

他以柔情的注视轻轻地将她揽进自己的怀中。这是无可名状的激情，他闭上眼睛，在黑暗中感受情欲的挺进，间或高亢激昂，间或静水流深。他可以清晰地感受到欲望中一股神秘的活力，每一个瞬间都似乎变得意味深长，每一番情爱的经历都应当细细地品味。那不是微风袭来激起涟漪，而是整个心灵的激荡。

叁

这是一座古建筑。

古人记载：“大殿建筑，亦颇费匠心。明九暗七，四面皆走廊，周配角亭四座。殿中央起作为亭式，金顶火檐，高起云涌，有如天坛之钦年殿然，碧色之琉璃瓦与朱色盲柱相映壮丽，极尽辉煌之能事。”

尽管乾隆皇帝特允她在宫中穿着民族服装，专为她在宫中设立了清真厨师，每次赐给她的御膳也大都是羊肉和素菜，赐给她的新疆哈密瓜也比别的妃子多，但是，高墙黄瓦的皇宫禁地,依然无法阻止她的思乡之情。

传说宝月楼就是因此而建。它位于紫禁城西华门外的西苑南墙外。这座寝宫,也就是如今中南海的新华门。

它的装潢,颇具伊斯兰特色,甚至连庭院,也种上了从西域移植过来的沙枣树。这种银叶金果的沙枣树,又称香柳,在风中摇曳,沁人心脾,聊慰她的思乡之苦。

乾隆帝在《宝月楼记》中云:“楼之义无穷,而独名之曰宝月者,池与月适当其前,抑亦有乎广寒之亭也。”寂寞嫦娥,广寒之宫,本是遥不可及,太虚之境,自古以来,引发多少缱绻,勾起几多幽思。乾隆皇帝以“广寒之亭”喻香妃居住的宝月楼,这种虚无缥缈无法拥有却又近在咫尺渗入骨髓的气息——在他内心的不可见之域——一种他从不知晓的情感,让他沉浸其中,无力自拔。

香妃这样的女子,本应天上有,世间只不过是她回眸时的短暂停留。如许尤物,空灵虚幻,本不应属于任何男人,哪怕乾隆皇帝,也应该只是偶尔投在她的波心。

她的得宠不言而喻。乾隆二十五年(1760年),她一入宫就从秀女直接晋升为“和贵人”。乾隆二十七年,她被封为容嫔,乾隆三十三年六月晋升为容妃。到乾隆四十三年,容妃已排到了所有妃子中的第三位。

人们不禁要问,自乾隆三十一年乌拉那拉皇后被废后,乾隆帝不再立后,后宫中地位最高的就是妃,香妃一生无子嗣,却何德何能排名第三?她曾九次跟随乾隆帝东巡,屡次南巡，乾隆帝第四次南巡时，她和她的哥哥图尔都随驾而行，宠爱何以延及其兄？她能让乾隆皇帝专门为其兴建一座寝宫，这又是何等的风光。这一切，难道都与她身上神秘而神奇的体香有关？

有人说，乾隆的母亲看他如此宠幸一个异域女子，实在忍无可忍，遂即赐给香妃一条白练，让她魂归故里了。

尽管无稽，确也说明，她的魅惑，让人为之惊、为之叹、为之恨。

肆

我要从一则古老的传说故事说起。

查德曼大帝晚年爱上一名日耳曼姑娘。朝廷大臣眼看国王耽溺于情欲，不愿君主尊严，荒废国政，都极为极为担忧。后来那位女子溘然逝去，朝臣们如释重负，然而为时不久，因为查德曼大帝的爱并没有随着那姑娘的死亡而消逝。国王命人将她那敷过香料的遗体搬入寝宫，寸步不离。杜宾主教对这骇人听闻的情欲，感到惊慌不已，他怀疑有魔法在作祟，坚持验查尸体。他在这女子僵硬的舌头底下，发现了一枚镶宝石的戒指。戒指一落入杜宾主教手中，查德曼便就疯狂地爱上了大主教，并仓促命人葬那位姑娘。杜宾为了避免困窘难堪，将那戒指扔进康士坦丁湖，查德曼便爱上了这个湖泊，在湖边徘徊，不忍离去……（唐诺为《巫言》序）

故事中的这枚戒指，正像巫者穿越边界之物，神奇而鬼魅。

无论是让帝王耽于情欲的日耳曼姑娘，还是她的敷过香料的遗体，找到戒指的杜宾主教，以及那个让查德曼大帝忧伤徘徊始终不愿离去的湖，这是看不见的疯狂。爱情是蛊，不知是谁所下，但你若被她勾引，将会狂热、苦楚，神魂颠倒，爱欲难解。

以爱情的名义，在这个故事里，戒指终究也成了魔法。那么，香妃可就像那一枚镶宝石的戒指，以一袭芳香法力无边？

情感中枢最古老的是嗅叶，负责接收和分析气味。就如，你能轻易地识别和自己很亲密的人身上独有的气味并为之迷恋和遐想，你能通过一种也许并不被别人所在意的气味突然地陷到某段回忆里去。

这幽幽的清香，如同冷香，夏日雨后的味道，或者，是那沙枣花，丝丝缕缕，芬芳无可言喻。

这种气息，也成了能够脱离一切明确而具体的人类行为中——最让人为之沉溺、为之放纵、为之迷离的部分。

作为乾隆皇帝的后妃，这位来自西域的身怀奇香的大漠女子，让尔虞我诈的后宫，如此美妙与不可捉摸。历史留下了这个称为“香妃”的女子，她却能将这段历史轻轻一笔戏谑而过。清宫的这段历史，也从来没有像这样，满足了我们每个凡夫俗子对于帝王之尊、后宫嫔妃的想象。

伍

我们试图寻找有关香妃的影子，为了确证有此人，并非只是我们的一厢情愿。迄今为止的考证，最早出现香妃之名的是光绪十八年(1892年)听园居士萧雄的《西域杂述诗》中的“纷纷女伴谒香娘”一语。萧雄在附录中还有一段关于“香娘娘”神奇身世的记述：

香娘娘，乾隆年间喀什噶尔人，降生不凡，体有香气……

对这个香娘娘的另一个佐证材料，来自1914年故宫古物陈列所搞了一批文物展览，其中有一幅年轻女子的戎装像。画像下面有一段说明文字：

香妃者，回部王妃也。美姿色，生而体有异香，不假熏沐，国人号之曰香妃。

只是，据故宫博物院原副院长单士元回忆，这张画像定名为香妃，只是根据民国政府内务部一位官员说的“这大概就是香妃”，然后考虑到当时社会经济效益商定的，并没有查史料得来的。看来也不足为信。

而在北京陶然亭北芦苇丛中有个土堆，有人说这就是香妃的坟墓。上面不知何人题了“香冢”二字，镌刻着一首诗：

浩浩愁，茫茫劫。短歌行，明月缺。郁郁佳城，中有碧血。碧亦有时尽，血亦有时灭。一缕香魂无断绝，是耶非耶？化为蝴蝶。

“一缕香魂无断绝”，这首诗，给金庸《书剑恩仇录》中杜撰陈家洛与香香公主提供了想象空间。说起来，诗歌总能超越无常、有限、虚无、死亡，却又与生活之谜有着本质的联系。但诗意归诗意，大清王妃安身于此，终归不可信。

这么多人好奇历史上的香妃终究魂归何处。如果香妃真是容妃，那么，据史料记载，乾隆五十三年(1788年)，55岁的容妃因病离世，葬入河北遵化清东陵的裕陵妃园寝。因为眷念家乡，她死后，她的嫂子苏德香将她的衣冠和遗物带回家乡。

如今在靠近塔克拉玛干沙漠的喀什的浩罕村，香妃的衣冠冢安放于此。这座伊斯兰建筑的古老的陵墓，埋葬着阿帕霍加五代共72人。墓边上，种着沙枣树。如果你在五六月份到这里，沙枣树把整个中亚大地变成了一个大香炉，穿越在沙枣林中，弥漫的沙枣花香，沁人心脾，让人突然感叹，这可是香妃的“香”？

陆

茫茫大漠，氤氲的情愫，簇拥着古韵流芳的驼铃声。一个西域女子，白衣胜雪，自大漠深处中逶迤而来。阳光琥珀似的照在她的身上，芳香四溢……

每个人的经验都只是一个私人问题，我们习惯透过历史凝视时间之外的东西，幸运的是，视觉给我们实现了想象的那一瞥。

香妃的这种气息，以“不可见”之“可见”，走进我们的内心。

几百年来，这一缕香，在人们内心辗转反复，逡巡不去，人们情愿信其有，也不愿相信她只是个文学中虚构的人物。

或许，因为她是我们内心最柔软的一段记忆，也是我们疲惫生活中的一份念想。这种记忆与念想，以个体的思念，拉开历史的帷幕，让人相信美好的存在。我们终究不忍她的缺席。

或许，她也是浪漫主义造就的一个审美、诗化的意象，一个脱离凡俗尘世的人。她令我们正视自己的内心，从而渴望返回内心。这是一种心灵的回归，是我们在理想与现实之间寻求的，诗意的栖居。

更多时候，我们知道，怀念香妃，只是怀念生命中那种令我们沉醉、迷恋、眷顾的东西。

它超越了世俗。这是一份温暖。

图书在版编目（CIP）数据

华美的冒险：明清后妃传奇 / 杨海霞著. -- 北京：故宫出版社，2012.5

ISBN 978-7-5134-0264-4

Ⅰ. ①华… Ⅱ. ①杨… Ⅲ. ①后妃－平生事迹－中国－明清时代 Ⅳ. ① K828.5

中国版本图书馆 CIP 数据核字（2012）第 091129 号

华美的冒险

明清后妃传奇

著　　者：杨海霞
责任编辑：江　英　王冠良
装帧设计：周　晨
出版发行：故宫出版社
地址：北京东城区景山前街4号　邮编：100009
电话：010-85007808　010-85007816　传真：010-65129479
网址：www.culturefc.cn
邮箱：ggcb@culturefc.cn
印　　刷：北京旺都印务有限公司
开　　本：880×1230毫米　1/32
印　　张：4.25
字　　数：80千字
图　　版：17幅
版　　次：2012年5月第1版
2012年5月第1次印刷
印　　数：1-5,000册
书　　号：ISBN 978-7-5134-0264-4
定　　价：36.00元